"Pessoas interessantes costumam ser as que têm informação — mas também a valiosíssima disposição para efetivamente trocar ideias: compartilhar as delas, analisar as dos outros. Se você tem esse perfil no século XXI, parabéns. É mais de meio caminho andado. Porque se as ideias e opiniões estão aí dentro da sua cabeça, esse livro vai ajudar a externá-las do jeito certo — e no momento adequado."

WILLIAM BONNER, editor-chefe e apresentador do *Jornal Nacional*

"Todos os dias eu vejo dezenas de reportagens, mas algumas ficam na minha memória. É o caso de uma feita pelo meu colega Roberto Kovalick para o *Jornal Nacional*. Ele foi até Brumadinho, em Minas Gerais, mostrar as buscas pelos desaparecidos do rompimento da barragem da Vale, que deixou 259 vítimas. E disse: 'Por uma extensão de 9 km estão espalhados corpos de vítimas, destroços e pedaços de histórias: uma caixa de ferramentas, panelas, mais adiante uma sandália, uma folha de trabalho escolar feito com letra de criança. Olha só o que está escrito aqui: eu tenho medo, vai dar certo, se Deus quiser.' Não foram só as palavras que me marcaram, mas a entonação de Kovalick, a postura diante da câmera, a clareza da mensagem através da imagem. Ele não só comunicou, mas estabeleceu uma relação cheia de empatia com seu interlocutor. É justamente isso que Kovalick, a talentosa editora Cíntia Borsato, a mágica fonoaudióloga Leny Kyrillos e o professor Robson Gonçalves, nos ajudam a entender neste livro: qual o caminho para a comunicação ser eficaz e nos tornarmos inesquecíveis. Recomendo a leitura!"

MAJU COUTINHO, apresentadora do *Jornal Hoje*

"Os autores, experientes cada um ao seu modo e tempo, ajudam o leitor a se desenvolver pessoal e profissionalmente com um texto que atende o que considero ser o mantra da boa comunicação: simples, direto e objetivo (e cheio de boas histórias)."

MÍLTON JUNG, jornalista e apresentador da CBN

"Em um mundo disruptivo, tecnológico e hiperconectado, saber se comunicar é essencial para todos: pessoas físicas, empresas, empreendedores, etc. Estabelecer ideias e saber transmiti-las, de forma que o receptor as compreenda da melhor maneira, é dever de quem quer estabelecer boas conexões e, acima de tudo, destacar-se em um mercado de trabalho cada vez mais competitivo. Em *Seja inesquecível*, os autores trazem um panorama interessante sobre como se fazer uma boa comunicação, começando pelo mais importante: conhecer a si mesmo. Só assim, será possível gerar conteúdo e inspirar outras pessoas."

JANGUIÊ DINIZ, fundador do grupo Ser Educacional

"Sou médico otorrinolaringologista — ou 'médico da comunicação oral-auditiva', já que trato dos distúrbios da voz e da audição — e, apesar dos anos de experiência com a fala, fiquei muito entusiasmado com este livro. O domínio da comunicação é um dos maiores *assets* que o ser humano conta nesta época de revolução tecnológica. Na medicina, por exemplo, assiste-se, ainda com insegurança, ao impacto da tele-medicina, em que, eventualmente, algoritmos de computador poderão substituir parte da assistência médica tradicional. Nessa perspectiva, a comunicação clara, direta, assertiva, empática e humana será um diferencial significativo no contato com os pacientes, algo que ainda é inatingível aos computadores. Este livro, escrito com muito carinho por um time de craques competentes e conhecedores do tema, é uma obra mais que relevante para este momento. É um guia para nos ajudar a vencer os 'desafios do elevador' que frequentemente experimentaremos em todas as áreas em que a comunicação é necessária."

GERALDO DRUCK SANT'ANNA, otorrinolaringologista, professor universitário e presidente da Associação Brasileira de Otorrinolaringologia e Cirurgia Cérvico-Facial

"Em meio a tantas vozes e ideias, este livro nos guia na busca pela nossa identidade e a melhor maneira de expressá-la. Leitura fundamental aos que desejam fazer da comunicação uma ferramenta precisa e acessível a todos os momentos da vida."

CÁSSIA GODOY, jornalista e apresentadora da rádio CBN

"Ao longo de sua brilhante carreira, a dra. Leny tem capacitado centenas de pessoas a fazer de sua comunicação uma importante ferramenta do desenvolvimento pessoal e profissional. Seja por meio de vídeos, entrevistas ou livros, a querida Leny tem uma marca: ela fala com simplicidade, profundidade e objetividade. Do lado de cá (dos seus colegas fonoaudiólogos), temos um orgulho imenso de tê-la como um dos nossos referenciais. Do lado de lá, temos a certeza de que esta nova obra fará diferença na vida e na comunicação de todos os leitores. Recomendo-a para todos aqueles que se sentem desafiados a construir uma carreira promissora no mundo pós-moderno, onde a comunicação e a empatia são ingredientes essenciais para o sucesso."

LEONARDO LOPES, PhD, presidente da Sociedade Brasileira de Fonoaudiologia professor na Universidade Federal da Paraíba

"Esqueça que é um livro. Você tem em mãos uma conversa irresistível, com histórias, ciências e técnicas que vão mudar sua maneira de se comunicar."

INGRID GIELOW, CEO da startup ProBrain, professora do MBA da FGV e vice-presidente da Sociedade Brasileira de Fonoaudiologia

Diretora
*Rosely Boschini*

Gerente Editorial
*Carolina Rocha*

Editora Assistente
*Audrya Oliveira*

Assistente Editorial
*Rafaella Carrilho*

Controle de Produção
*Fábio Esteves*

Preparação
*Fernanda Del Mello*

Projeto gráfico e Diagramação
*Vanessa Lima*

Revisão
*Carolina Forin*

Capa
*Sérgio Rossi*

Impressão
*Gráfica Loyola*

Copyright © 2020 by Roberto Kovalick, Leny Kyrillos, Robson Gonçalves e Cintia Borsato.
Todos os direitos desta edição são reservados à Editora Gente.
Rua Wisard, 305, sala 53 – Vila Madalena
São Paulo, SP– CEP 05434-080
Telefone: (11) 3670-2500
Site: http://www.editoragente.com.br
E-mail: gente@editoragente.com.br

Dados Internacionais de Catálogo na Publicação (CIP)
Angélica Ilacqua CRB-8/7057

Seja inesquecível / Roberto Kovalick...[et al]. – São Paulo: Editora Gente, 2020.
256 p.

Outros autores: Leny Kyrillos, Robson Gonçalves, Cintia Borsato
ISBN 978-85-452-0392-6

1. Comunicação 2. Comunicação oral 3. Comunicação não verbal 4. Linguagem corporal 5. Falar em público I. Kovalick, Roberto

20-1498     CDD 808.51

Índice para catálogo sistemático:
1. Técnicas de autoajuda

Este livro é dedicado a todos que nos ensinaram a nos comunicar melhor e a todos que em algum momento da vida já se viram sem palavras em momentos cruciais: numa apresentação no trabalho, numa conversa no elevador ou no grande encontro com o amor da sua vida. Desejamos que você alcance sucesso dominando a arte e a ciência para se comunicar melhor.

dedicatória

Escrever um livro é um grande desafio e, até por isso, virou sinônimo de conquista no ditado popular que sugere três ações para uma vida completa: escrever um livro, plantar uma árvore e ter um filho. Justamente por deixarem um legado, essas ações exigem muita reflexão, atitude, dedicação e zelo. E foi assim que construimos esse livro.

Agradecemos à Cristina Piasentini por ter sido a responsável por colocar os quatro em contato e por sempre nos incentivar a buscar as melhores formas de contar nossas histórias. Um agradecimento especial ao Ali Kamel e à toda a equipe que comanda o jornalismo da Globo por ter nos aberto essa imensa janela, de onde diariamente contamos histórias ao Brasil.

Agradecemos à Tainã Bispo, que nos ajudou a lapidar nossas ideias e a encontrar o melhor caminho para viabilizar esta obra através da Editora Gente.

Um agradecimento especial à Rosely Boschini, que acreditou neste livro com muito entusiasmo desde o início. Carolina Rocha, Danyelle Sakugawa e toda a equipe da Editora Gente, muito obrigado pelo profissionalismo, orientação e direcionamento. Vocês nos ajudaram a navegar por caminhos desconhecidos de forma brilhante.

Roberto Kovalick – que ainda não plantou uma árvore – agradece especialmente à filha Kiara. A semente para escrever este livro nasceu da preocupação com o futuro dela. E à esposa dele, Karina Kovalick, que contribuiu com histórias, lembranças, conselhos e observações sempre precisas sobre este trabalho. E às duas, por terem aberto mão de preciosas horas de convivência em família para que esse livro existisse.

Leny Kyrillos – que já realizou as três funções, sendo este seu oitavo livro – agradece ao seu super marido e ao seu filhão tão amados, por todo o apoio e incentivo à sua carreira, aos seus estudos e por tornarem sua vida tão feliz. Agradece

também aos seus pacientes, alunos e àqueles que a procuram para melhorar sua comunicação, por serem a razão de estar sempre em busca de aprender e de se aprimorar para atender mais e melhor.

Robson Gonçalves – que plantou uma árvore quando era criança, já teve uma filha e está no seu décimo livro – agradece à Andréa de Paiva, neuroarquiteta e colega de jornada pelos caminhos da neurociência aplicada desde o início, inspiradora da abordagem do processo de comunicação em três esferas (*self*, *near* e *cloud*) adotada neste livro.

Cíntia Borsato – que acabou de ter uma filha – agradece ao Rodrigo Matias, seu marido, pelo apoio, sugestões criativas, críticas construtivas e cumplicidade durante toda a jornada. Aos seus pais, Giocondo e Marlene Borsato, e à sua sogra, Wal Matias, um muito obrigado pelo suporte e apoio durante a licença maternidade – quando esse livro foi finalizado. E à Esther, sua bebê, por encher de alegria e amor seu coração.

E, finalmente, agradecemos a você, leitor, que é o real motivo desta obra existir.

**agradecimentos**

# prefácio por eduardo gianetti, economista

Literalmente, tudo começa em comunicação. Exagero? Eis a prova: se a comunicação entre o pai e a mãe de cada um de nós não tivesse ocorrido de maneira excepcionalmente boa — as palavras certas, no momento justo, no tom exato — é difícil imaginar que algum de nós tivesse vindo ao mundo. A boa comunicação, é certo, seduz, mas ela não para aí. Quando é feliz e exitosa, ela também *fecunda*. Deita raízes e passa a viver na alma do interlocutor. Torna-se inesquecível.

O que faz a boa comunicação? Como *Seja inesquecível* mostra com riqueza de exemplos e acuidade analítica, muito depende do contexto em que ela ocorre. Da entrevista de emprego à conversa entre amigos; do esforço de venda ao pedido de colaboração; da palestra formal à abordagem amorosa; e da reportagem televisiva ao diálogo com um filho, a arte e a ciência da comunicação interpessoal demandam especial atenção às particularidades e às expectativas daqueles com os quais interagimos em nossas relações pessoais e profissionais. A sensibilidade ao momento e ao colorido específicos de cada situação concreta é um ingrediente indispensável da competência comunicativa.

Existem, contudo, três princípios de aplicação geral que perpassam os mais diferentes contextos e desafios da ação comunicativa, sejam quais forem as particularidades do caso específico: 1) o domínio do assunto, 2) o respeito pelo outro e 3) o cuidado com a forma. Os três pontos são abordados com propriedade, clareza e elegância nas páginas deste livro que reúne quatro profissionais de destaque em suas áreas de atuação. Limito-me aqui a aguçar o apetite do leitor oferecendo-lhe uma breve síntese, acrescida de um ou outro exemplo da minha experiência pessoal, a título de *hors d'oeuvre* ou aperitivo do saboroso banquete que o aguarda.

**1. O domínio do assunto** – Nada substitui o preparo. Se o conteúdo da mensagem a ser compartilhada não estiver claro, amadurecido e sedimentado – o que requer estudo, empenho e trabalho preparatório – não há sagacidade retórica que dê conta do recado. A comunicação efetiva põe o investimento no domínio do assunto antes da técnica persuasiva. Mas "dominar o assunto", ao contrário do que possa soar à primeira vista, significa sobretudo uma postura de *humildade cognitiva*: reconhecer que é sempre possível saber mais e melhor sobre o tema e, principalmente, tornar-se ciente da própria ignorância. Pois o conhecimento, como ensina Confúcio, consiste em duas coisas: "Quando você sabe alguma coisa, reconhecer que sabe; e, quando você não sabe alguma coisa, reconhecer que não sabe". Ao nos distanciarmos daquilo em que acreditamos e ao reconhecermos o caráter limitado, parcial e provisório das nossas ideias e opiniões – o que julgamos saber – nós abrimos a porta da comunicação cooperativa e damos um passo decisivo rumo à maturidade necessária para alcançar – e merecer – a credibilidade diante daqueles com quem dialogamos.

**2. O respeito pelo outro** – Isso significa não só uma atitude atenciosa e aberta à escuta, mas a preocupação em se fazer genuinamente entender. A chave mestra da competência comunicativa é o exercício permanente da *empatia*: transportar-se em pensamento ao lugar que ele ou ela ocupa; empenhar-se em ver as coisas, na medida do possível, a partir da perspectiva e do *background* dos que nos ouvem; e adequar a comunicação a essa realidade, sem permitir todavia que isso sacrifique a integridade da mensagem. "Se uma parte da física não puder ser explicada a uma balconista", dizia o físico neo-zelandês Ernest Rutherford (um dos pais da teoria nuclear), "então não é uma parte muito boa da física". *Jornal Nacional* ou elite do mercado financeiro. Não importa qual seja o público. A simplicidade e a clareza são sinais de respeito pelo outro.

Uma das grandes lições que aprendi ao longo de décadas como palestrante e tendo que lidar com os mais variados tipos de público, do chão de fábrica à alta gestão, foi a importância de chegar com boa antecedência aos eventos e *ouvir* dos participantes, em conversas informais, quais eram seus principais receios e inquietações naquela particular conjuntura. Sem que se dessem conta, as informações que eles me passavam serviam – e servem! – de valioso insumo à palestra que ouviriam a logo a seguir.

Além da formação educacional e profissional, o *background* cultural também conta. Adam Smith (que por sinal começou a vida como professor de retórica em Glasgow antes de ensinar economia) dizia que "um italiano demonstra mais emoção ao receber uma multa de vinte libras do que um inglês ao receber a pena de morte". Quando voltei da Inglaterra, depois de uma estada de sete anos, pude constatar a relevância disso em sala de aula. O conteúdo era o exatamente o mesmo, mas se eu tentasse dar aos meus alunos na USP a mesma *lecture* formal que estava acostumado a dar em Cambridge o resultado teria sido um só: tédio e sono mortal.

**3. O cuidado com a forma –** Conteúdos áridos e com frequência espinhosos não são fáceis de comunicar. A tendência natural das pessoas é fechar-se – ou, pior, fuzilar o mensageiro. Os elementos estéticos e envolventes da linguagem – verbal e não-verbal – não podem ser subestimados na arte da boa comunicação. A qualidade da acústica, por exemplo, não raro conspira silenciosamente contra a inteligibilidade e o sucesso de uma exposição que, de outro modo, teria sido exitosa.

Se a mensagem é sombria, o método agridoce oferece uma saída – como quando a borda de um copo contendo um remédio amargo é recoberta com mel e anima o paciente a ingerir inadvertidamente o líquido embalado no prazer do primeiro gole. O humor, em qualquer circunstância, é essencial. Ao falar para um grande público, muitas vezes sem ter como enxergar as expressões dos presentes, só há um momento em que se pode ter certeza de que estão todos (ou quase) ligados e atentos à apresentação – é quando *riem*. O riso é o selo da cumplicidade. Se a piada passar em branco isso é sinal inequívoco de que urge mudar de rota.

Por outro lado, é preciso lembrar que a forma é apenas um meio, e não um fim. Ela deve ser uma aliada – e estar a serviço – da fala. O reparo de Aristóteles (autor do mais importante tratado de retórica na tradição clássica) serve aqui de alerta: "Tudo aquilo que é dito metaforicamente não está claro". Com imagens, alegorias e dramatizações é possivel persuadir e convencer, mas não provar, argumentar ou justificar racionalmente. No ambiente de alta dispersão e sobrecarga de estímulos a que estamos submetidos, o risco é o de que, na disputa por migalhas de atenção do público, a competição por um "lugar ao sol" acirre uma corrida retórica na qual os efeitos pirotécnicos e a estridência das intervenções dominem o propósito e a razão de ser da boa ação comunicativa – o compartilhamento de saberes aptos a tornar nossas vidas pessoais e profissionais mais felizes, exitosas e dignas de serem vividas.

Composto a oito mãos, *Seja inesquecível* a um só tempo deleita e proporciona ferramentas de trabalho aos seus leitores. Como um canto coral, as vozes dos três autores se combinam e alternam, sob a coordenação e batuta de Cintia Borsato, na produção de um tecido harmonioso e inspirador.

O fio condutor da partitura são as experiências de vida e o aprendizado de Roberto Kovalick em sua rica e vitoriosa trajetória profissional na TV Globo. Os contrapontos ao eixo melódico ficam por conta das observações e dicas da fonoaudióloga Leny Kyrillos – coach de voz, locução e postura de várias gerações de comunicadores (entre os quais me incluo) – e das análises de Robson Gonçalves, economista da FGV, a partir do seu trabalho de pesquisa nas áreas de economia comportamental e neurociência. Unindo arte e ciência, este é um livro que *comunica* e *seduz*. O texto semeia, a leitura insemina. O ato fecundador está agora às mãos e aos olhos do leitor.

Bom proveito!

# sumário

### introdução
O desafio do elevador e a importância da comunicação ............. 16
Comunicação envolve risco .................................................................. 23
Conceitos de neurocência e comunicação ..................................... 25
Senciência e autocontrole ..................................................................... 29
Comunicação é competência ............................................................. 31
Cognição e atenção: nossa pequena mesa de trabalho ............ 33

### parte 1 *self*: eu comigo mesmo
#### capítulo 1
Autoconhecimento .................................................................................. 39
Comunicação eficiente pressupõe autoconhecimento ............. 43
No limiar entre luta e fuga ................................................................... 45

#### capítulo 2
Paredes invisíveis e o domínio do ambiente ................................. 48
Proxêmica ................................................................................................... 51
Quando o próximo se aproxima demais ........................................ 54

#### capítulo 3
Estresse amigo ou inimigo ................................................................... 58
Voz e emoção ........................................................................................... 62
Razão e emoção ...................................................................................... 64

#### capítulo 4
O corpo comandando a mente .......................................................... 69
Presença é a chave do sucesso ......................................................... 73
O poder do corpo sobre a mente ..................................................... 76

## capítulo 5

Como lidar com erros ........................................................... 79

Estresse do bem .................................................................. 82

Não focar o erro, não acordar o réptil que existe em nós .......... 85

## parte 2 *near*: o próximo, o conhecido
## capítulo 6

Contador de histórias ............................................................ 91

Conte uma boa história e... encante! ...................................... 95

Memórias e histórias, personagens e arquétipos ..................... 97

## capítulo 7

A arte de contar histórias – conceitos de *storytelling* ............. 100

Outras formas de contar histórias ........................................ 108

Neuroevolução e liderança, uma história bem contada há milhões de anos .... 110

## capítulo 8

Saber ouvir ........................................................................ 114

Você ouviu? Escutou mesmo? ............................................. 119

Saber ouvir sem atividades competitivas .............................. 122

## capítulo 9

A competência do século XXI .............................................. 125

Empatia: a competência do século XXI ................................ 129

Neurônio espelho ............................................................... 133

## capítulo 10

Pirâmide da comunicação ................................................... 136

Barreiras verbais ................................................................ 141

Heurísticas: use com moderação ......................................... 143

## capítulo 11

O poder das metáforas e das analogias ................................ 147

Por que aprendemos mais com comparações? ....................... 152

Os bons atalhos ................................................................. 154

## capítulo 12

O poder das imagens .......................................................... 156

Expressividade .................................................................. 160

Imagens e histórias não contadas ........................................ 162

## capítulo 13

Recursos não verbais ........................................................... 165

Gestual fala mais alto .......................................................... 168

Economia de atenção e comunicação não verbal ................171

## capítulo 14

Recursos vocais ...................................................................174

"Esculpido em carrara" ........................................................ 178

Mozart × Beethoven ............................................................ 185

# Parte 3 *cloud*: a incerteza

## capítulo 15

Como falar em público .........................................................191

Falar em público – ai, que medo! ....................................... 195

O instrumentista e a orquestra, focar e ignorar ............... 198

## capítulo 16

Eliminando os ruídos .......................................................... 201

Ruídos sonoros ................................................................... 206

O demônio da dispersão ..................................................... 209

## capítulo 17

Como ter e organizar ideias ............................................... 212

Criatividade ao nosso alcance ........................................... 216

A mente e o Lego ................................................................ 219

## capítulo 18

Como lidar com imprevistos ............................................... 223

Falar naturalmente ............................................................. 228

Esperar o inesperado ......................................................... 230

## capítulo 19

Preparação é tudo ............................................................... 233

Fuja do complexo de Gabriela ........................................... 239

Mindfulness: o desafio contínuo da atenção plena ........... 241

Comunicação e felicidade ................................................... 245

## conclusão

Como resolver o desafio do elevador .................................. 247

introdução

# O Desafio do elevador e a importância da comunicação

De repente, você está diante da oportunidade da sua vida. E não pode falhar. Você acaba de entrar num elevador, no térreo de um prédio, e vê que a pessoa que entrou segundos antes e está gentilmente segurando a porta é aquela que pode definir o seu futuro. Imagine que seja ou a presidente da empresa em que você trabalha, que pode lhe dar a promoção e o aumento pelos quais você tanto batalha, ou aquele cliente biliardário com quem você vive tentando marcar uma reunião, mas que está sempre ocupado, ou, ainda, aquele investidor com o qual você sonha que invista na sua startup. Enfim, imagine que seja alguém que tem o poder de mudar a sua vida. Se essa pessoa vai abrir a porta do sucesso ou seguir ignorando a sua existência, depende de você e do que você fizer nesses preciosos segundos.

Digamos que você vá para o décimo andar e veja que essa pessoa apertou o botão do oitavo. Você calcula mentalmente que terão uns vinte segundos juntos no elevador. É todo o tempo que você tem para causar uma boa impressão, marcar uma reunião, fazer com que ele ou ela se interesse por você. Para evitar aqueles tão constrangedores segundos em silêncio, talvez a pessoa pergunte: "O que você faz aqui na empresa?".

E agora? O que você responde? O elevador já está no terceiro andar. Restam quinze segundos, tempo suficiente para, no máximo, três frases. Não dá para gaguejar. Qualquer segundo em silêncio pensando no que dizer é um segundo perdido. E aí? Quarto andar, quinto andar...

Oportunidades de uma vida podem surgir a qualquer momento. Tanto podem ser algo previsto (uma palestra, uma reunião, uma entrevista), com tempo para preparação, como podem surgir do nada, no lugar em que a gente menos espera, na hora mais inusitada.

Essa história do elevador é muito popular nos Estados Unidos. Há milhares de artigos a respeito na internet. Consultorias, inclusive aqui no Brasil, costumam usá-la como exemplo para treinar seus clientes a fazer apresentações ou enfrentar reuniões. Em inglês, chama-se *"elevator's pitch"*, que podemos chamar em português de "desafio do elevador". É uma metáfora do que enfrentamos diariamente na nossa vida profissional e também na pessoal, do momento em que acordamos ao que vamos dormir, sempre que interagimos com outra pessoa. A todo instante, temos chances únicas de causar uma boa impressão, de vender uma boa ideia.

Nós todos somos vendedores de ideias. Não importa se você é médico, empresário, funcionário público, político ou jornalista, a capacidade de vender bem as ideias é o combustível do sucesso profissional. A Fábrica de Ideias – o nosso cérebro – funciona bem e garante um suprimento inesgotável de seu produto, mas o Departamento de Controle de Qualidade é meio fraco, deixa passar cada ideia de jerico... No entanto, para a maioria de nós, o ponto fraco mesmo é a nossa equipe de Vendas. Quantas ideias brilhantes você já teve e morreram na casca? Em outras palavras, quantas boas ideias ficaram sem sair de sua cabeça porque você não soube traduzi-las em palavras, ditas ou escritas, que encantassem chefes, colegas, consumidores ou espectadores e os convencessem a comprá-las? Não importa se quem está na nossa frente é uma pessoa, cinco, uma multidão ou uma câmera, em circunstâncias como essa, você já deve ter tido a seguinte sensação: a boca fica seca, os músculos do peito enrijecem, a respiração se acelera e fica mais curta, o coração bate mais rápido e o feitiço acontece como por mágica, as ideias somem. Ou você começa a gaguejar ou o pensamento sai de maneira truncada. Fracasso total! Muitas vezes, a gente consegue dizer o que planejou, mas na melhor das hipóteses termina com a sensação de que poderia ter tido um desempenho melhor. Algumas pessoas parecem ter talentos natos, se saem bem em qualquer circunstância, falam como se fosse de improviso, conseguem encantar e convencer um pequeno grupo ou uma multidão com uma naturalidade impressionante. A maioria de nós não é assim. A boa notícia para essa maioria é que dá para treinar. E há uma notícia ainda melhor: os grandes comunicadores não nasceram falando como um ator veterano no palco, como parece. Eles aprenderam muito, treinaram muito para falar e agir com aquele jeito natural e brilhante. Se eles fizeram, todos nós podemos.

Vender bem nossas ideias não é uma opção entre se tornar um líder no setor em que se trabalha ou um funcionário mediano, mas uma necessidade de sobrevivência no mercado profissional. Como lembra Chris Anderson, presidente das TEDs, que são palestras de, no máximo, dezoito minutos sobre os mais variados temas e que se tornaram uma febre na internet: "Para um líder – ou um militante –, a fala em público é fundamental para gerar empatia, provocar emoções, compartilhar conhecimentos e ideias e promover um sonho em comum".

Quem viveu a década de 1980 certamente se lembra do filme *Top Gun*, com Tom Cruise. Muita gente se tornou piloto de avião sonhando viver aquelas aventuras, embaladas pelo meloso tema do filme "Take My Breath Away". Hoje, os Estados Unidos fazem ataques aéreos com drones; no futuro, provavelmente, aviões comerciais autônomos dispensarão a necessidade de pilotos. Tudo que puder ser substituído por um robô ou uma inteligência artificial será, não tenha dúvida. Já pensou no que isso significa para a sua profissão atual? Será que um robô não faria melhor? Então, o que nos resta?

Dizer como será o emprego do futuro é um chute, mas o professor Antônio Suárez Abreu, em seu livro *A arte de argumentar: gerenciando razão e emoção*, faz uma estimativa bem razoável: diz que, no futuro, apenas 2% da população trabalhará com agricultura altamente mecanizada; menos de 20% trabalhará nas indústrias robotizadas e informatizadas. Restará, aos outros 80%, o setor de serviços. O que implica, afirma o autor, num bom "gerenciamento de relação" com os clientes. Ou seja, o sucesso profissional dependerá do sucesso no relacionamento. E o relacionamento entre dois seres humanos se dá, primordialmente, pela troca de ideias. Portanto, não importa se você é médico, jornalista, professor, advogado... O seu sucesso está cada vez mais relacionado a sua capacidade de vender ideias e, é claro, de comprar e adotar as boas ideias dos outros.

Foi essa preocupação com o futuro do emprego que deu origem a este livro.

No fim de 2017, eu e Cíntia Borsato, a editora de Economia do *Jornal Nacional* em São Paulo, tivemos uma reunião com o economista e professor da Fundação Getulio Vargas (FGV), Robson Gonçalves. Ele é economista e coordenador do curso de Neurobusiness da instituição. Eu e Cíntia estávamos atrás de ideias para reportagens. Tínhamos acabado de fazer uma sobre o prêmio Nobel de Economia, atribuído a Richard Thaler, professor da Universidade de Chicago e um dos "gurus" da economia comportamental, a filha mais bem-sucedida da neurociência. É um campo relativamente novo de pesquisa e estudo, mas vem revolucionando a maneira como entendemos o funcionamento do nosso cérebro e como podemos treiná-lo. Além da economia, as descobertas da neurociência têm transformado a forma de ver e agir em áreas como educação, medicina, liderança e urbanismo. E a gente se deu conta, naquela reunião, de que também era um instrumento poderoso para melhorar a forma de comunicar ideias, justamente o que eu e Cíntia fazemos para viver.

No fim do encontro, já meio de saída, comentei com Robson o caso da minha filha de 5 anos e a minha ansiedade em não saber como prepará-la para esse futuro incerto. Antigamente, guiar o filho para ser médico, advogado ou engenheiro era uma aposta precisa. Nada muito radical ocorreria no mercado de trabalho em vinte anos. Hoje, não sabemos como será daqui a cinco anos. E minha filha irá procurar por um emprego daqui a uns vinte anos.

Robson deu a resposta que eu menos esperava. Não lembro direito das palavras, talvez nem ele se lembre, mas foi mais ou menos isso: "Os robôs e os cérebros artificiais farão todas as atividades manuais desaparecerem, inclusive algumas intelectuais. Mas há algo que um robô não consegue fazer e talvez nunca consiga: se comunicar como um ser humano, criar empatia. E, nisso, vocês dois (Cíntia e eu) são profissionais. As qualidades necessárias para se dar bem em qualquer profissão no futuro são as que vocês exercem todos os dias".

Fiquei muito feliz em saber que tenho futuro, mesmo que daqui a cinco ou dez anos já não exista aparelho de televisão e o repórter se materialize num holograma na sala do telespectador. Robson até deu um exemplo: quando falamos com o atendimento eletrônico ao telefone, não importa se o serviço é mais rápido e eficiente do que o feito por um ser humano, ansiamos pela chegada da opção "Tecle tal número para falar com um de nossos operadores".

Chris Anderson parece concordar com a tese do Robson. No livro *TED Talks: o guia oficial do TED para falar em público* ele diz:

> *No século XXI, a competência comunicativa deveria ser ensinada em todas as escolas. Na verdade, antes da era dos livros, ela era considerada parte essencial da educação, embora com um nome antiquado: retórica. Hoje, na era da conexão, deveríamos ressuscitar essa nobre arte e torná-la uma das bases da educação: leitura, escrita,*

*matemática... e retórica. [...] A competência comunicativa não é um extra opcional destinado a uns poucos. É uma qualificação fundamental para o século XXI.*

Foi nesse momento que entrou outra parceira: a fonoaudióloga Leny Kyrillos, que cuida da nossa voz e do nosso jeito de falar na TV Globo. Todo mundo que já passou pelas mãos da Leny concorda: ela é mágica. Consegue resolver problemas aparentemente insolúveis com exercícios e mudanças de atitude que funcionam maravilhosamente. Além disso, é uma pesquisadora de todas as novidades do funcionamento do corpo e do cérebro que possam ajudar a organizar o pensamento e botar as ideias para fora de modo eficiente e cativante. Leny está sempre em busca das mais modernas descobertas e estudos que possam melhorar o desempenho dos profissionais em frente às câmeras. No período em que tivemos a conversa com o Robson, passei a apresentar os jornais locais de São Paulo nos fins de semana e, algum tempo depois, assumi a apresentação do *Hora 1*. Depois de trinta anos de reportagem de rua, tinha um novo desafio, parecido em alguns termos com a tarefa que eu exercia antes, mas com profundas diferenças. É como pedir para um corredor de 100 metros disputar uma maratona. Tive que treinar novas habilidades, e a Leny foi minha "treinadora", usando tudo que existe de mais moderno na área de conhecimento dela e na neurociência. Foi a Leny que me apresentou o "desafio do elevador", uma daquelas ideias que dividem a vida da gente em antes e depois.

Como editora de Economia no *Jornal Nacional*, em São Paulo, Cíntia Borsato tem um talento incrível para cumprir a missão de transformar assuntos difíceis em reportagens atrativas e fáceis de entender, que muitas vezes fazem o telespectador pensar: "Ah, então é assim que funciona!". Já fomos parceiros em várias dessas reportagens, e ela procura seguir a mesma receita com outros repórteres, sempre com muito sucesso.

Coube à Cíntia coordenar e "editar" este livro escrito a oito mãos, que começa com minhas histórias como repórter, apresentador e por dez anos correspondente internacional nos Estados Unidos, Japão e Reino Unido. Aqui mostro o que aprendi, o que errei, o que tive que treinar muito. Espero que minha trajetória sirva de inspiração para a sua. Leny e Robson apresentam a base científica de cada um desses episódios, o que podemos aprender — você e eu — para nos comunicar cada vez melhor. Cíntia cuidou para que tudo tivesse coesão e ajudou a lembrar e escrever muitas histórias.

Dividimos o livro em três partes, como uma jornada. Ela parte de dentro de cada um de nós, das nossas ansiedades, medos, fraquezas, do reconhecimento das nossas qualidades e da superação das nossas deficiências. É uma caminhada que vai até o momento em que chegamos em frente ao nosso interlocutor. No fim desse "mapa do caminho" está o inesperado, as incertezas, aquele momento desafiador que definirá o seu futuro, como acontece na história do elevador.

Então, as etapas desse mapa são as seguintes:

- **Self** – É onde a gente constrói a base da comunicação com os outros dentro de nós mesmos. Vamos abordar como lidar com o estresse, o cansaço, a ansiedade e tudo que pode impedir você de brilhar na hora de comunicar suas ideias. Esta é a primeira e mais importante fase, onde você aprende a enfrentar e vencer o seu maior inimigo: você mesmo.

- **Near** – Vamos mostrar como apresentar as suas ideias, como contar uma história, como criar empatia e como usar os recursos verbais e não verbais com os que estão ao nosso redor.

- **Cloud** – É a esfera da incerteza. Como se preparar para o imprevisto, para os inúmeros desafios do elevador que surgem diariamente, como falar para um grande público e como lidar com situações inesperadas.

Vou começar confessando uma deficiência. É para mostrar que todo mundo, mesmo quem tem muita experiência, às vezes sofre para abrir a boca.

Há três décadas, trabalho na frente de uma câmera e, mesmo diante de uma multidão, consigo chegar ao fim do discurso sem levar vaias ou tomates. Pelo menos, nunca aconteceu. Mas uma situação sempre me deixou em pânico: jantares ou outro tipo de encontro com pessoas que eu admiro.

Nessas ocasiões, eu me sinto um zero à esquerda. Quando conto uma piada numa mesa de jantar, quase sempre o silêncio é tal que só falta ouvir o barulho do grilo… Lembro-me viva – e constrangedoramente – de um desses jantares que fui a convite do Lucas Mendes, logo que cheguei a Nova York como correspondente. Lucas foi correspondente durante muito tempo por lá e hoje apresenta o *Manhattan Connection*, transmitido pela Globo News. Ele sempre foi o meu idolo e, inspirado nele, quando eu era um jovem repórter, sonhava em um dia ser correspondente. Naquela noite, na frente do meu idolo, fui um fracasso. Raras vezes me senti tão mal num jantar. Eu estava em pânico. Não conseguia dizer nada que prestasse. Assim que fechava a boca depois de alguma observação, eu me arrependia imediatamente da besteira que havia acabado de dizer. Às vezes, antes mesmo de terminar a frase, já sabia que estava falando asneira. Algum tempo depois, liguei para o Lucas para dizer que eu não era o pateta que ele tinha conhecido. Educadamente, ele disse que tinha adorado o jantar. É que eu tenho uma arma secreta para essas ocasiões: minha esposa. Inteligente, culta, rápida no raciocínio, Karina se torna o centro das atenções de qualquer reunião social. No fim desses eventos, tenho a clara sensação de que os outros convidados saem se perguntando como aquela mulher fascinante foi casar com aquele sujeito sem graça da TV. Imagine se, em vez do Lucas, o jantar tivesse sido com um chefe que estava pensando em me dar uma promoção, mas queria me conhecer pessoalmente antes de decidir? Quinze anos depois, tenho certeza de que o meu desempenho seria diferente diante do meu ídolo e de que ele teria orgulho de mim. Mas esse desafio do elevador eu já tinha perdido. Minha nota teria sido 0!

É o que esperamos que jamais aconteça com você. Lembre-se sempre do seguinte: se você chegou diante de um desses tantos desafios do elevador que podem catapultá-lo para o sucesso, foi porque você fez por merecer estar ali. Você tem qualidades, conhecimentos e habilidades que o mundo precisa conhecer. O mundo não quer outra pessoa diante daquele desafio. O mundo quer você. Para vencer o desafio, seja você. Só que uma versão melhor de si. Na verdade, a versão verdadeira de você, que muitas vezes fica escondida atrás de palavras desconexas, de um jeito sem graça de falar, de um jeito tímido de quem quer dar o fora dali o mais rapidamente possível. Não fuja do elevador. Entre nele conosco. A porta está se fechando. Boa sorte.

## comunicação envolve risco

Comunicação é uma via de mão dupla: ninguém fala sozinho! É fundamental a presença de um interlocutor, de preferência alguém interessado naquilo que pretendemos falar. Apesar desse conceito óbvio, nem sempre damos atenção ou temos o cuidado necessário com esse processo.

Entre quem fala e quem escuta há a interferência das motivações, das expectativas, das histórias de vida de cada um. Nossas experiências definem a interpretação daquilo que ouvimos. Sabe aquela história de gerar mal-entendidos? Você diz uma coisa, o outro entende outra. Pois é, nós modificamos aquilo que ouvimos de acordo com nossas referências. Comunicação envolve riscos! Cientes disso, temos que buscar reduzir os perigos dessa relação delicada. É sempre interessante conhecer bem seu interlocutor: o que ele sabe, o que ele precisa, o que está buscando na relação de comunicação. Como posso atingi-lo?

Aproveitar uma breve oportunidade para passar uma impressão positiva é o grande objetivo do "desafio do elevador"; provocar a curiosidade do interlocutor, fazer com que ele demonstre interesse em estender a conversa e marcar um novo encontro!

Alguns cuidados são importantes. Antes de falar sobre o seu projeto, você precisa estar convencido dele, já ter comprado a ideia que pretende vender, para ser capaz de falar com convicção; é preciso transmitir entusiasmo e otimismo, porque comunicação contagia! Precisamos provocar o interlocutor a tomar uma atitude — levar a conversa à frente — e, para isso, mais do que dizer o que queremos, temos de deixar claro o porquê queremos. Simon Sinek, no livro *Comece pelo porquê*, afirma que explicarmos a razão de algo aumenta muito a nossa capacidade de persuasão. Vale também procurar deixar claro o que nós dois

ganhamos com aquilo, explicitar os benefícios do contato. É interessante levar o outro à ação: você diz o que quer que seu interlocutor faça e como fazer e mostra o que fará após isto acontecer.

## dicas

*Esteja atento à linguagem a ser empregada, adequando-a ao seu interlocutor; sempre vale apostar num vocabulário simples, direto e objetivo. Nessa linha, prefira descrever a sua ação a dizer a sua profissão, por exemplo. Quando você diz que é dentista, por exemplo, seguramente vai trazer à mente do seu interlocutor imagens relacionadas a preconceitos, ideias relacionadas a experiências anteriores com outros dentistas, que podem ser negativas!*

*Finalmente, considere as dez dicas de Harvard para se sair bem: defina seu objetivo principal; seja conciso; identifique seu público-alvo; mostre que sabe resolver um problema ou necessidade; promova-se, e não às suas ideias; comece pelo mais importante; faça-o querer mais; favoreça a continuidade do contato; deixe claro o que você espera dessa oportunidade; redija seu roteiro e treine, treine, treine!*

# conceitos de neurociência e comunicação

"**P**erigo! Perigo! Perigo!" Quem assistiu à antiga série de TV *Perdidos no espaço* — ou os filmes e o remake, mais recentes — reconhece esse alerta. Era o robô avisando nosso herói, Will Robinson, de que algo tenebroso se aproximava. Ele tinha a capacidade de fazer esse alerta antes de o perigo aparecer. O medroso Dr. Smith, que sempre acompanhava Will, queria sair correndo dali. Will, mais corajoso e um tanto ingênuo, tentava enfrentar o que viesse pela frente.

É esse o alerta que a maioria das pessoas "ouve" quando tem que enfrentar uma multidão, uma apresentação, uma reunião ou uma entrevista na frente de uma câmera ou para um emprego. Lá no fundo do nosso cérebro, há uma parte equivalente ao robô, que começa a gritar: "Perigo! Perigo! Perigo!". Nós entramos no modo "correr ou atacar", mais ou menos como Will e Dr. Smith faziam. Só que eles venciam o perigo no fim do episódio. No nosso caso, há grande chance de um desastre. No modo correr, nos tornamos introspectivos, nervosos, mal conseguimos respirar, a perna treme, a voz se torna mais aguda, as palavras não aparecem e o raciocínio se torna confuso e sem graça. No modo atacar, partimos para cima do nosso "inimigo". Nós nos tornamos agressivos, fazemos gestos exagerados, falamos mais do que deveríamos, usamos palavras ríspidas e inadequadas e, muitas vezes, somos violentos mesmo, fazendo o nosso ouvinte ter uma péssima imagem nossa. Em ambos os casos, a comunicação — algo que fazemos desde que nos entendemos por gente e deveria ser algo natural e elegante — é um fracasso. Damos uma palestra que faz a audiência dormir ou odiar, não convencemos o cliente a comprar nosso produto, não respondemos às perguntas de maneira adequada na entrevista e perdemos aquele emprego ou aquela promoção tão sonhada.

Nos próximos capítulos, vamos tratar desse mecanismo de "luta e fuga" e de como dominá-lo.

Por que o cérebro faz isso? Por que nos trai num momento tão importante?

A resposta está na nossa evolução. Passamos milhões de anos na selva ou na savana, onde tudo representava um risco à nossa sobrevivência, onde a comida era escassa, os períodos de fome eram longos, penosos e matavam muita gente. De repente, chegamos à Lua, criamos a penicilina e outros tratamentos para prolongar a vida e produzimos tantos alimentos industrializados que nos tornamos obesos. Tudo isso nos últimos cem anos. Foi rápido demais. É recente demais. Nosso corpo e nossa mente não estavam preparados para uma mudança tão radical em tão pouco tempo. E eles seguem imaginando que corremos perigos, passamos fome, precisamos agredir os nossos inimigos ou fugir deles.

Como escapamos dessa armadilha ancestral? Como controlamos esse robô dentro de nós, esse ser paranoico? A neurociência nos ajuda. É um campo de estudo relativamente novo e possui grande aplicação na economia por explicar padrões de consumo, de decisões que impactam empresas e países. Estuda esse processo de tomada de decisão, esse descompasso entre o que somos e o que essa parte paranoica do nosso cérebro acha que somos: um ser pré-histórico que, por acaso, chegou à Lua.

O primeiro reconhecimento veio em 2002, para um dos pioneiros da economia comportamental. O israelense Daniel Kahneman é psicólogo, mesmo assim ganhou o prêmio Nobel de Economia. Em 2017, outro pesquisador em economia comportamental, Richard Thaler, também ganhou o Nobel.

As descobertas da neurociência têm tido tanto sucesso na economia porque ajudam a entender o nosso comportamento quando vamos a um shopping, quando pagamos nossos impostos, quando votamos para presidente. Uma das expressões mais usadas pelos especialistas no assunto é "arquitetura das escolhas", que é o processo que nos leva a optar por um *sundae* de chocolate em vez de uma salada de alface. Apesar dos óbvios benefícios da salada para a nossa saúde, o nosso corpo pede, implora pelo *sundae*. Será que ele é autodestrutivo? Essas decisões triviais do dia a dia, quando somadas com as trilhões de decisões de bilhões de pessoas, formam padrões que podem ajudar os poderes públicos a adotar políticas mais eficientes, os comerciantes a reconhecer como o consumidor se comporta e vender mais, e o consumidor, por sua vez, a se proteger das armadilhas das compras desenfreadas e a poupar mais.

Richard Thaler foi quem divulgou o exemplo mais emblemático de que as pesquisas podem ter aplicações amplas, até mesmo na forma de fazer xixi, ao menos se você for homem. Se for, já deve ter visto em algum banheiro público: um vaso sanitário com o desenho de uma mosquinha. Ela surgiu na década de 1990 no aeroporto de Schiphol, em Amsterdã, na Holanda. Não se sabe bem quem teve a ideia, mas o gerente do setor de limpeza do aeroporto na época, Aad Kieboom, resolveu botá-la em prática para tentar resolver um problema que todas as mães e esposas do mundo enfrentam ao entrar num banheiro depois de seus meninos: percebem que eles não têm mira na hora de fazer xixi e o vaso, geralmente, fica todo sujo. Em casa, uma rápida limpeza e a inútil bronca são soluções rápidas. Num aeroporto gigantesco, é um problema enorme, que foi reduzido consideravelmente graças à mosquinha. A estimativa é de que a sujeira nos urinóis tenha sido reduzida em até 80% e os gastos gerais em limpeza em 8%. É que homens não resistem a um desafio, por mais bobo que seja. Acertar aquele bicho meio nojento, bem no alvo, é um desafio e tanto. Como fazíamos quando estávamos na selva.

No seu livro mais famoso, *Nudge: o empurrão para a escolha certa*, Richard Thaler chama essas intervenções na realidade de "nudges", uma palavra que a gente poderia traduzir como "empurrõezinhos". Isto é, pequenas mudanças que fazem a maioria das pessoas escolherem uma coisa à outra, aproveitando as características que herdamos dos nossos antepassados que moldam a forma como pensamos e fazemos escolhas hoje. Thaler sugere que se usem os "empurrõezinhos" na adoção de políticas públicas que melhorem a vida de todos nós.

Essas descobertas também podem ser usadas para melhorar a maneira como comunicamos nossos pensamentos. Afinal, comunicar pensamentos complexos é basicamente o que nos faz humanos. Assim como nossos hábitos de consumo e de comportamento, a forma como comunicamos nossas ideias também foi definida pelo processo de evolução. Durante milhões de anos, a transmissão de nossas histórias, valores e planos para o futuro era feita em volta de uma fogueira, um ambiente aconchegante, ao lado dos nossos parentes e "chegados". Mas, a partir de determinado ponto, nossa evolução se tornou muito rápida e ainda não estávamos preparados para isso. De repente, passamos a conviver com multidões. Os líderes e artistas tiveram que aprender a lidar com elas, a não tremer diante delas. Muito recentemente, em termos evolutivos, surgiram câmeras, microfones e outras tecnologias que ampliam o alcance da transmissão de ideias e apresentam novos desafios. Quem assistiu ao filme *O discurso do rei* certamente lembra o pânico do rei britânico George VI ao falar pela primeira vez pelo rádio. Além do pavor provocado por aquela nova tecnologia, o rei era gago, o que piorava muito as perspectivas de que conseguisse unir o país contra a ameaça nazista, o objetivo daquele discurso. Com muito treino e dedicação, ele conseguiu, mas é inegável que havia um "deslocamento": falar pelo rádio era algo antinatural para alguém – o *Homo sapiens* – que durante milhares de anos conversava em volta de uma fogueira.

Somos seres do Paleolítico que chegaram à Lua e falam no rádio, na TV, numa reunião cheia de engravatados e mulheres elegantes, ou para um chefe ou recrutador de emprego que parece um inquisidor da Idade Média. Dominar esse ser pré-histórico que habita dentro do nosso cérebro, esse robô paranoico, é a base da boa comunicação. A boa notícia é que, entendendo como ele funciona, dá para domá-lo, dá para aprender a distinguir quando o perigo é real ou apenas paranoia. E podemos transformar qualquer situação em que a comunicação seja a diferença entre fracasso e sucesso numa agradável conversa em volta da fogueira. Com grandes chances de sermos bem-sucedidos.

# senciência e autocontrole

**N**o campo da neurociência, a esfera do *self* está associada à senciência. Ausente dos dicionários da língua portuguesa, o termo se refere à consciência do sentir, isto é, à percepção consciente de nossos estados emocionais.

Segundo o neurocientista Antônio Damásio, quase todas as classes de animais têm algum grau de senciência, sendo ela indiscutível nos mamíferos. No campo da comunicação humana, a senciência deve ser entendida como uma atitude, uma prática. Nós a praticamos quando prestamos atenção a nossos estados emocionais. Mais do que um exercício de autoconhecimento, essa prática visa melhorar a efetividade da comunicação. Se estou emotivo, irritado ou dispersivo, motivado ou aborrecido, devo tomar consciência disso e, agindo de maneira intencional, procurar reduzir ao máximo as interferências desse estado.

Por exemplo: se estou dispersivo, devo me concentrar ainda mais no conteúdo do que estão me dizendo; se estou irritado, devo tentar evitar posturas agressivas ou falar em um timbre de voz mais alto, e assim por diante. Sem isso, a comunicação vai ser distorcida pelo meu estado emocional sem que eu perceba ou queira admitir. Em outras palavras, a senciência deve ser a base para o autocontrole.

Estudos realizados por William Hedgcock, da Universidade de Iowa, a serem publicados no *Journal of Consumer Psychology*, mostram que o autocontrole exige muito das áreas cognitivas do cérebro, especialmente do córtex pré-frontal dorsolateral, situado próximo às têmporas. Isso sugere que um dia difícil no trabalho, ao exigir muito autocontrole, gera aquela dor que parece esmagar nossa cabeça pelas laterais. A boa notícia é dada por Thomas Denson, psicólogo da Universidade de Nova Gales do Sul. Segundo ele, autocontrole é algo que se pode aprimorar. Como em uma atividade física, tudo parece mais difícil no começo, mas o exercício do autocontrole tende a se tornar cada vez mais fácil para quem persiste e pratica. Mas, no campo da comunicação, tudo começa pelo reconhecimento de nossos estados emocionais, tudo começa pela exploração da esfera do *self* com a senciência.

# comunicação é competência

Comunicar-se de forma assertiva é atingir o outro da maneira mais próxima da nossa intenção. É o equilíbrio entre dois extremos, entre sermos passivos (deixando de falar o que precisamos) ou agressivos (quando exageramos na imposição das nossas ideias). É um equilíbrio delicado! Para isso, vale a pena investirmos na preparação da mensagem que pretendemos passar: elencar os pontos principais, organizar numa sequência que nos pareça lógica, falar de maneira direta, objetiva, do modo mais simples. Também é importante nos certificarmos se fomos efetivamente entendidos. Além de demonstrar claramente nossa vontade de entender o outro, por meio do olhar bem direcionado, da realização de meneios de cabeça, vale a pena parafrasear: repetir o que o outro disse com suas palavras, para se certificar de que realmente o compreendeu. Esse cuidado aumenta a probabilidade do entendimento e faz com que o outro se sinta valorizado.

Já a nossa voz nos escancara para o mundo. Ela é única, um grande sinal de nossa identidade. Isso acontece porque temos várias possibilidades de "escolha", de ajustes para produzirmos a voz. Essas escolhas são influenciadas por três grupos de parâmetros: físicos, psicoemocionais e socioculturais. Fatores físicos dizem respeito à nossa estrutura corporal geral e, de modo mais específico, àquilo que chamamos de "aparelho fonador", região que compreende elementos do rosto e pescoço. Geralmente, corpos maiores produzem vozes mais graves, e mais delgados, vozes mais agudas, numa analogia bem didática com o som produzido por um violoncelo e um violino. Fatores psicoemocionais têm a ver com características de personalidade e com o momento emocional que vivemos. Conseguimos identificar a voz mais baixinha do tímido, a voz suave da pessoa afetiva, o berro do sujeito raivoso! Fatores socioculturais têm a ver

leny

com todo o nosso entorno, com pessoas que foram significativas ou referências para nós: os pais, professores, mestres, gurus. Essas três dimensões – física, psicoemocional e sociocultural – são tão particulares para cada um de nós que não existe uma voz igual a outra: ela é tão única como nossa impressão digital. Ao falarmos, é nesses três níveis que nos revelamos, e os outros podem fazer uma ideia a nosso respeito muito próxima da realidade.

Se por alguma razão você não se identifica com a sua voz, a boa notícia é que ela pode se modificar, se aperfeiçoar. Para isso, você precisa ter o desejo genuíno de mudar, dedicar-se e treinar. Como toda mudança de hábito, envolve interesse, motivação e repetição.

# COGNIÇÃO E ATENÇÃO: NOSSA PEQUENA MESA DE TRABALHO MENTAL

**A** área logo atrás de nossas testas é uma das mais nobres e mais contraditórias do encéfalo humano. O chamado córtex pré-frontal foi a última região a evoluir em nosso cérebro. Estava pronta há cerca de duzentos mil anos e passou a ser muito usada nos últimos noventa mil anos.

Essa área é responsável por funções cognitivas, isto é, vinculadas à compreensão de causa e efeito e de significado. É fundamental no planejamento de ações que visam atingir uma meta. Por isso, está muito ativa nos processos de comunicação, codificando ou decodificando conteúdos. Quando temos uma ideia ou opinião, é preciso refletir, planejar e codificar para que tudo seja comunicado eficazmente.

Ocorre que essa área do cérebro é semelhante a uma mesa de trabalho pequena. Ou seja, se tentarmos executar várias tarefas cognitivas em simultâneo, nossa atenção vai acabar focando em apenas uma delas, deixando as outras "perdidas" e "soterradas" no meio de nossa bagunça cognitiva.

É fácil notar como isso acontece. Tente assistir a um documentário, tomando nota dos conteúdos que mais lhe interessam ao mesmo tempo. Quando estamos anotando de maneira eficaz, ficamos aparentemente meio surdos, como se deixássemos de ouvir o que está sendo dito. E, se focarmos de novo no documentário, começamos a anotar frases sem sentido. Na verdade, a escrita não nos deixa surdos. Estamos ouvindo, mas não estamos compreendendo. Não desaprendemos a escrever ao focar no documentário, apenas ficamos incapazes de codificar as frases, pois o cérebro está ocupado em decodificar o conteúdo do documentário.

Em seu livro *Your Brain at Work*, David Rock, especialista em neuroliderança, afirma que o número ideal de processos cognitivos paralelos é um. Isso pode parecer radical, mas é o mais eficaz para um processo de comunicação de qualidade. Muitas distorções que aparecem em matérias jornalísticas são resultado da tentativa corajosa dos repórteres de ouvir, redigir e falar ao mesmo tempo. Sempre é possível narrar um conteúdo e escutar o que está sendo dito no ponto eletrônico ao mesmo tempo. Mas esse é um processo difícil e desgastante que deve ser praticado com moderação. O comportamento multitarefa cognitivo não é a forma natural de operação do cérebro, consome muita energia e pode causar estresse e irritação. Então, a dica é: se queremos ser eficazes na comunicação, sempre que possível, um processo cognitivo de cada vez!

## EXAUSTÃO CEREBRAL

Essa reflexão nos leva a analisar o excesso de demandas característico da modernidade. A pressão por mais velocidade e produtividade comumente nos leva a um cansaço mental intenso. Acontece que pensar demais é cansativo e, ao contrário do que se imagina, piora nosso desempenho profissional. É o que mostram estudos como o de André Pimenta, da Universidade do Minho, *Analysis of Human Performance as a Measure of Mental Fatigue*, apresentado na Conferência Internacional de Sistemas Híbridos de Inteligência Artificial de 2014. E o motivo é simples: a atividade cerebral consome muita energia. O cérebro corresponde em média a apenas 5% da massa corporal, mas consome cerca de 20% de nossa energia diária. Assim, a exaustão cerebral também gera sintomas físicos como suor frio, visão nublada, cansaço e dores musculares.

Mas o maior problema é que o excesso de pensamentos cansa o próprio cérebro e reduz nossa capacidade de análise e compreensão; ficamos mais irritados, pois a tolerância exige muita atividade cerebral; as ideias somem da mente, porque o foco também exige muito do cérebro hoje em dia, e assim por diante.

Todos esses são sinais de exaustão cerebral. E as causas desse estado mental são sempre as mesmas: estamos frequentemente nos "pré-ocupando" ou nos "pós-ocupando" com assuntos variados, pensando demais no que será ou no que já foi. Também contribui com isso a falta de sono. Nosso cérebro precisa em média de sete horas contínuas diárias de sono.

Para evitar a exaustão cerebral, a postura mais adequada antes de uma reunião importante, uma entrevista de peso ou uma pauta difícil é administrar os níveis de cognição e atenção • 35

tensão. Não dá para improvisar com o cérebro. Se já estudamos o assunto, traçamos uma estratégia e definimos a pauta, o melhor, então, é relaxar ao máximo. Níveis menos conscientes do cérebro, lá no sistema límbico, vão processar tudo aquilo até quando não estivermos pensando conscientemente ou mesmo quando estivermos dormindo. Na hora H, o melhor é respirar fundo e deixar fluir. Nosso córtex pré-frontal, a área cognitiva atrás de nossa testa, vai estar descansado e em melhores condições de executar a tarefa. Se ele estiver exausto e congestionado, pode ficar confuso e despertar o medo de que tudo vai dar errado. E, quando o medo se instala, as áreas mais primitivas do cérebro, no sistema reptiliano, assumem o comando e ai... pronto: surge o famoso "branco", uma trava difícil de reverter. Pré-frontal descansado, límbico carregado de informações e reptiliano no módulo "neutro": essa é a combinação ideal para o *mental flow*, o "deixar fluir" de nossa mente, estado mental de grande valor para quem quer se comunicar.

## dicas

*Hábitos saudáveis evitam a exaustão cerebral:*

*Se você for ter um dia difícil, procure não tomar muitas decisões e evite tarefas analíticas. Isso poupa as áreas cognitivas do cérebro e favorece o foco. Fazer a declaração de imposto de renda ou mesmo definir o roteiro de uma viagem um dia antes de uma tarefa difícil como uma grande entrevista pode exaurir justamente as áreas cerebrais executoras que serão mais exigidas.*

*Pratique a biofilia: assista ao pôr do sol, caminhe no parque ou brinque com seu animal de estimação. Essas atividades estimulam o sistema límbico, responsável por armazenar conteúdo de forma perene. Também relaxam as áreas executoras do cérebro e acalmam os centros de medo, baixando o cortisol na corrente sanguínea.*

*Conte histórias, causos ou piadas nos dias mais tensos. A serotonina e a dopamina irão circular no cérebro, aumentando a autoestima e a autoconfiança. Todos os obstáculos vão parecer menores assim.*

# parte 1

## self: eu comigo mesmo

capítulo 1

# autoconhecimento

A minha carreira como repórter de TV quase acabou na primeira semana de experiência. A verdade é que ela não ia muito bem. Apesar de algum histórico de rádio, aquele negócio de falar na frente da câmera com uma luz na cara me assustava. Além disso, não sabia direito como estruturar as reportagens, fazer um texto bacana. A maioria das minhas reportagens nem entrava no ar. Um amigo, na tentativa de fazer uma piada, disse que eu seria conhecido como "repórter mãozinha", já que tudo que eu gravava ia para o lixo, com exceção das entrevistas. Só minha mão aparecia nos telejornais, segurando o microfone para o entrevistado falar.

Eu sabia que aquela era a chance da minha vida. Tinha sido contratado, seis meses depois que saí da universidade, pela RBS-TV, de Porto Alegre. Alguém deve ter visto em mim algo que, definitivamente, eu não enxergava. Eu me sentia como um jogador amador alçado a um time de primeira divisão antes da hora. Definitivamente, eu não estava preparado para fazer aquilo.

Aí, chegou o dia fatídico, o dia do desafio que terminaria, inevitavelmente, num monumental fracasso. Isso ocorreu há trinta anos e talvez a memória tenha deixado alguns detalhes mais coloridos, mas me lembro vivamente desse dia. Por volta de 11h, o chefe de reportagem me chamou no rádio do carro (acredite! Naquela época, não havia celular.) e mandou minha equipe para o hotel mais luxuoso da capital gaúcha daquele período: o Plaza São Rafael.

O ministro da Agricultura estava participando de um evento e eu deveria anotar o que ele falava e fazer uma entrada ao vivo no *Jornal do Almoço*, o mais tradicional, importante e de maior audiência do estado. Tremi, mas fui. Nunca tinha entrado ao vivo. A minha experiência de rádio era curta, pouco mais de seis meses, e aquela luz na cara me atemorizava. Para piorar, num estado agrícola como o Rio Grande do Sul e numa época em que não havia internet, eu seria o porta-voz de informações que iriam impactar milhões de vidas; por isso, todo o Rio Grande do Sul estaria de olho em mim.

Ao chegar ao hotel, mal tive tempo de rabiscar algumas palavras ditas pelo tal ministro, cujo nome se perdeu nas minhas lembranças. A triste realidade é que eu não conseguia gravar o nome dele nem o que ele estava dizendo. Ao me posicionar na frente da câmera para entrar ao vivo, alguém botou um fone nos meus ouvidos e ouvi uma voz gritar:

— Dez minutos!

A boca secou. A perna tremeu. Meu estado mental era de total confusão. Pensei: se tivesse que abandonar tudo, aquele era o momento. Tinha dez minutos para sair correndo pela porta do hotel. Pelo menos isso evitaria o vexame de fugir da câmera ao vivo, diante de todo o Rio Grande do Sul. E, na verdade, o meu sonho era ser repórter de jornal. Esse negócio de televisão surgiu por acaso porque o pessoal da RBS-TV ouviu minha voz na rádio, depois viu que eu tinha uma cara razoável e resolveu me testar. E o grande teste estava ali, a exatos…

— Cinco minutos!

Nessa altura, parecia que os pulmões tinham parado de funcionar. Não passava ar na traqueia. O cérebro era um turbilhão de emoções e pensamentos. E eu, simplesmente, não sabia o que dizer. Iria congelar na frente da câmera. Isso era certo. E minha carreira acabaria ali.

Não tive coragem de contar essa história antes. Achava que seria uma demonstração de fraqueza. Até descobrir que isso não tinha acontecido somente comigo… Foi numa conversa casual, na sala de maquiagem, com a colega Mariana Ferrão, que era apresentadora do programa *Bem-Estar*.

Não lembro como começou o assunto, mas Mariana me contou que fazia meditação desde os 12 anos e que isso a ajudava no controle emocional para manter a calma diante das câmeras. E me contou o caso de um repórter e apresentador muito famoso nos Estados Unidos, que teve um ataque de pânico ao apresentar as notícias num telejornal matutino tipo *Bom Dia Brasil*. O nome dele é Dan Harris. Se você procurar o vídeo na internet, acha fácil.

No vídeo, a gente percebe que Harris vai ficando sem fôlego, começa a gaguejar, falar sem segurança, como se não soubesse o que estava dizendo, e chama abruptamente o outro apresentador. Harris era extremamente experiente: já tinha sido correspondente de guerra, tinha anos na frente das câmeras e ainda estava lendo um teleprompter, o equipamento que fica na frente da câmera passando o texto para o apresentador ler. O que poderia dar errado?

Nada! Mas deu... Um ataque de pânico, ao vivo e a cores, na frente de milhões de pessoas. Poderia ser o fim da carreira de qualquer um, mas os americanos têm a incrível capacidade de superar fracassos. O público adora quem faz isso. Têm até uma expressão para os que conseguem superar grandes adversidades ou fracassos: os *"come-back kids"*, algo como "os garotos que dão a volta por cima".

Não foi fácil para Harris. Depois da "travada" na frente da câmera, ele foi destacado para cobrir assuntos religiosos, uma área nada glamorosa do jornalismo, onde as estrelas disputam pautas de economia, política e esporte. Mas ele foi. E, no meio das reportagens sobre religião, descobriu, na meditação, um caminho para se livrar dos seus demônios, responsáveis por aquele ataque de pânico. Melhor dizendo: aprendeu a domá-los e transformou o seu grande fracasso numa fonte de mais sucesso do que tinha antes... e dinheiro. Escreveu um best-seller chamado *10% mais feliz: como aprendi a silenciar a mente, reduzir o estresse e encontrei o caminho para a felicidade*. O livro tem esse título porque Harris diz que a meditação não é algo milagroso, que vá mudar a vida de alguém, mas consegue deixar os praticantes 10% mais felizes.

Naquele fatídico dia, perdido lá no meio da década de 1980, eu não conhecia Harris nem Mariana Ferrão e não tinha tempo de iniciar um programa de meditação. O que eu precisava mesmo era de um milagre.

— Quatro minutos! — gritou aquela voz do além no meu ouvido.

Cada grito da contagem regressiva aumentava o meu pânico. A essa altura, você deve imaginar que achei uma boia salva-vidas, que o anjo da guarda soprou ao meu ouvido — tal como Obi-Wan Kenobi para Luke Skywalker, "use a força" — ou que eu tive um insight sensacional que salvou a minha carreira, que servirá para alavancar a sua e o ajudará a sair das situações de pânico como a que eu estava vivendo. Esqueça! Se você não está preparado para fazer alguma coisa, não adianta pedir ajuda ao Além. É como não ter estudado e, na véspera da prova de Matemática, rezar uma Ave-Maria. Dizem que existe mais fé num avião caindo do que numa igreja lotada. Numa sala de aula de alunos que não estudaram e na frente de uma câmera de TV também só há tementes a Deus. Mas Ele parece estar sempre dizendo: "Me ajuda a te ajudar". Se você não fez o dever de casa...

— Três minutos!

Jesus! Só décadas depois aprendi técnicas de respiração que aliviam a tensão, permitem que o oxigênio chegue ao cérebro e clareie os pensamentos.

— Dois minutos!!!

Pelo amor de Deus! O que eu faço? Muhammad Ali, o grande boxeador e frasista, disse certa vez: "A luta é ganha ou perdida bem longe do público; atrás das linhas, na academia, lá na rua, bem antes de eu dançar sob as luzes". E eu não tinha me preparado, não tinha treinado e já estava sob as luzes. A realidade estava prestes a me dar um soco na cara e me levar ao nocaute profissional.

— Um minuto!!!

Tenho hoje a nítida lembrança de que meu braço começou a baixar para largar o microfone e sair correndo dali. Era tarde demais. Se era para fugir, deveria ter fugido antes. E aquele minuto não passava… Parecia durar dois, três, cinco minutos. Na verdade, durou mesmo uns cinco minutos. Um comentarista do jornal se alongou demais no seu comentário e a frase que ouvi a seguir foi:

— Estourou o tempo do jornal. Vivo cancelado.

Desculpe se o fim da história é meio frustrante. Para mim, não foi. E me lembro até hoje da voz falando ao meu ouvido a frase salvadora, responsável por eu ter, hoje, trinta anos de televisão: "vivo cancelado". Não me lembro de outra frase na minha vida que tenha me dado alívio tão grande. Nos instantes que se seguiram, fiz uma avaliação da minha curta carreira e tive que tomar uma decisão profissional. Era isso mesmo que eu queria? Sim, respondi. Eu tinha condições de fazer aquilo? Não. Então só tinha um jeito, se eu quisesse fazer aquilo, tinha que fazer direito. E é isso, com altos e baixos, com sucessos e fracassos, que me dedico há trinta anos: fazer direito. E, para fazer direito, existe um caminho. O mapa começa na sua mesa de trabalho mental, como diz o Robson. É preciso organizar a bagunça, tirar a poeira, jogar papéis inúteis fora, arrumar os arquivos de forma que possam ser facilmente encontrados, trazer livros que o ajudem a fazer um trabalho melhor e deixá-los organizados na prateleira, ajeitar a cadeira para que você se sente de forma confortável mas atenta, com a espinha ereta, a mente clara. Aí, você enxerga o caminho para comunicar seu pensamento de forma clara, objetiva e cativante. Sem travar.

# comunicação eficiente pressupõe autoconhecimento

O relato de Kovalick é a demonstração de algo imutável: a comunicação nos revela. E, para nos revelarmos da melhor maneira, é fundamental nos conhecermos bem, sabermos as nossas preferências, a maneira mais confortável de agirmos, as nossas crenças e os nossos valores. Impossível ser convincente se nem mesmo nós sabemos o que queremos e onde pretendemos chegar. A clareza da nossa comunicação depende da clareza de nossos pensamentos, da compreensão nítida daquilo que queremos transmitir. Envolve consciência dos nossos sentimentos e emoções, além de definição da nossa mensagem e seu impacto. Pensar racionalmente, ficar no terreno das ideias é mais fácil, mas não suficiente. Há momentos em que o lado emocional é exigido – e reconhecer as nossas emoções é muito mais desafiador do que parece. Temos de ter consciência de quem somos, do que buscamos e de nossos valores.

O ideal é começarmos respondendo perguntas simples, até mesmo óbvias:

- Quem nós somos? / O que nós não somos?
- O que mais gostamos em nós mesmos? / O que não gostamos?
- Quais são as nossas fraquezas e as nossas fortalezas?

Definido o nosso perfil, é preciso identificar se estamos sabendo capitalizar os atributos e como usá-los a nosso favor, assim como planejar nossas ações sempre que alguma situação possa oferecer risco de expor as nossas fraquezas. Quando desenvolvemos autoconhecimento, levamos em consideração o que os outros dizem, mas não nos baseamos apenas nisso, já que sabemos o que queremos e temos confiança elevada. Aceitamos que fracassos podem ocorrer, mas aprendemos com eles, corrigimos rotas e não desistimos!

Às vezes, sentimos vergonha de nos expor! Segundo Brené Brown, em seu livro *A coragem de ser imperfeito*, vergonha é o medo da desconexão. Tem a ver com um sentimento de menor valia, com a ideia de que não somos bons o suficiente. A vergonha expõe a nossa vulnerabilidade. As pessoas felizes acreditam que ser vulnerável é bom! Elas têm senso de pertencimento, ausência de vergonha, têm conexão! A vulnerabilidade é o centro da vergonha e do medo, da nossa luta por merecimento. Mas é também a origem da alegria, da criatividade, do amor. Aceite sua vulnerabilidade!

## dicas

É fundamental cuidar do seu equilíbrio emocional: a nossa comunicação reflete os nossos diálogos interiores. Seja gentil com você mesmo! Considere a si e as suas ações com carinho, tolerância e aceitação. Pratique o autoperdão! E cuide de sua inteligência emocional, pois ela nos permite:

- desenvolver e fortalecer as capacidades de autocontrole emocional;
- identificar e eliminar sentimentos tóxicos e crenças limitantes;
- eliminar a autossabotagem;
- aumentar a autoconfiança;
- desenvolver a capacidade de liderança;
- realizar metas e objetivos;
- melhorar a empatia;
- fortalecer a autoestima.

# no limiar entre luta e fuga

**N**ossas amígdalas são órgãos de extrema importância e trabalham muito. Isso também acontece com aquele órgão em nossa garganta. Mas o interesse aqui é pelas amígdalas cerebrais. Elas participam de diversos processos ligados à atenção, à emoção, à reação a estímulos sensoriais, inclusive sexuais, e aos comportamentos agressivos. Nos seres humanos, elas estão associadas à formação de memórias perenes com conteúdos emocionais. Se nos lembramos de onde estávamos no 11 de Setembro ou no 7 × 1 da Alemanha contra o Brasil, devemos isso a estruturas de trabalho das amígdalas cerebrais naqueles momentos impactantes.

Nossa biblioteca de memórias afetivas é muito importante. Ela nos ajuda em situações sociais, naquele abraço que abrimos quando encontramos um velho amigo ou nas lágrimas de saudades quando voltamos de uma longa viagem. Mas as memórias afetivas também podem estar relacionadas a situações de medo ou perigo. Isso também é importante para nosso aprendizado social, para estarmos alertas ou evitarmos certas situações ou mesmo pessoas.

E, para nos preparar para essas situações ou pessoas, as amígdalas do cérebro atuam em alguns gatilhos neuroquímicos associados à atenção e ao medo. Quando estamos diante de uma situação nova e, por alguma razão, fazemos alguma relação com maus momentos passados, arquivados naquela biblioteca emocional, as amígdalas entram em ação e se conectam com outra área do cérebro: o sistema reptiliano. Se o nível de ameaça for baixo, isso gera apenas um estado de maior atenção ao que se passa ao nosso redor. Pupilas dilatadas, batimento cardíaco levemente alterado, alguma palidez. É como se um inimigo em potencial surgisse em nosso campo de visão lá longe. Em níveis de ameaça mais altos, podemos desenvolver uma atitude agressiva. É como se o inimigo se aproximasse, mas ainda acreditássemos que podemos enfrentá-lo. Níveis moderados de cortisol na corrente sanguínea, o sistema nervoso produzindo noradrenalina e endorfina e as suprarrenais, adrenalina. Até aqui, estamos no campo do "bom estresse", um aliado para enfrentar o inimigo, seja uma ameaça de fato, um entrevistado figurão ou apenas a primeira grande entrevista. O grande desafio é não passar dai. Se os níveis de tensão subirem ainda mais, a palidez vai aumentar, a pressão sanguínea vai se alterar, a respiração irregular vai deixar a voz trêmula. Nesse estado, saímos do módulo "luta" para o módulo "fuga". Passamos da agressividade a uma estranha sensação de "eu não deveria estar aqui hoje" ou "sinto que isso não vai dar certo". Uma série de memórias de outras situações parecidas começa a passar por nossa tela mental e a cognição falha.

O nível mais alto de estresse ocorre quando, de forma inconsciente, entramos no módulo "fuga", mas não há como fugir. Nesses casos, nos sentimos acuados e surge o famoso "branco". O cérebro está de tal forma focado na ameaça que inibe as áreas de processamento racional. Como em muitas espécies animais quando fogem do predador, o desmaio é o final da história algumas vezes, e o vexame é certo.

## dicas de como evitar o pânico

*Prepare-se mais do que o necessário. Leia o máximo possível sobre o tema que vai abordar. Você deve conhecer detalhes sobre esse tema que jamais sairão da sua boca. Isso lhe dará segurança para enfrentar a palestra, entrevista ou reunião. Você saberá que, se alguém lhe fizer uma pergunta imprevista, a resposta estará na ponta da língua.*

capítulo 2

# PAREDES INVISÍVEIS E O DOMÍNIO DO AMBIENTE

O ser humano evoluiu contando histórias em volta de uma fogueira. Quando aprendemos a dominar o fogo, há uns dez mil anos, começamos a nossa jornada rumo à civilização. Era em volta da fogueira que reuníamos a nossa tribo, os nossos "chegados". E foi com a descoberta do fogo que passamos a cozinhar alimentos. Não é à toa que, aos domingos, juntamos família e amigos em volta de brasas acesas queimando pedaços de carne, enquanto conversamos animadamente. Os vegetarianos podem ter trocado a carne por algum outro tipo de prato. Não importa. Carnívoros ou vegetarianos, estamos repetindo um ritual milenar. Um ritual que nos deixa seguros porque o fogo afasta os animais perigosos. Um ritual que nos deixa felizes porque estamos ao lado de quem amamos, dividindo o resultado das nossas "caçadas" (o alimento), o nosso bem mais precioso (o tempo) e aquilo que nos une como tribo, as nossas histórias.

Esse é o ambiente natural para se contar uma história: uma roda em volta da fogueira, com pessoas em quem confiamos e com o fogo para afastar os perigos. Numa situação dessas, nos sentimos confiantes. Gestos, voz, postura, linguagem... tudo fica adequado ao nosso objetivo de contar uma boa história. Porém, a tal civilização tornou a tarefa mais complexa. Para alguém se tornar líder da tribo, precisaria falar com multidões. Primeiro, em cima de uma pedra. Depois, num palanque. E, nos últimos cem anos, na frente de um microfone ou de uma câmera. Ficamos milhões de anos falando em volta de uma fogueira e, de repente, nos vimos num ambiente frio e pouco amigável, cheio de perigos e coisas desconhecidas.

Foi assim que me senti quando me vi diante de um novo desafio. Depois de trinta anos de carreira na TV como repórter, passei a apresentar um telejornal no estúdio. Eu tinha experiência diante de uma câmera; portanto, qual o mistério? Eu comecei apresentando os telejornais locais de São Paulo nos fins de semana, quando a audiência diminui; portanto, menos gente estaria vendo meus possíveis erros. Eu iria substituir o Carlos Tramontina, um ícone do jornalismo paulistano, alguém que tem tanta credibilidade que, como diz minha esposa, se disser que dois mais dois são cinco, todo mundo acredita. Portanto, eu estava ferrado.

Eu já tinha entrado em estúdios outras vezes, mas jamais sabendo que eu iria estar no centro daquele lugar que se parece com um palco. O primeiro pensamento que me passou deve ser o mesmo que o primeiro astronauta que chegar a Marte terá: "Isto é um ambiente inóspito, artificial, seres humanos não foram feitos para viver ou trabalhar aqui". O estúdio é muito menor do que aparenta na tela da TV e fica sobre um tablado de uns 5 centímetros. Minha primeira preocupação era não cair do tablado ou bater a cabeça num dos telões que sobem e descem a todo instante. Imagine! Iria bombar nas redes sociais.

Tem um monte de gente dentro do estúdio, mas o apresentador não enxerga quase ninguém por causa das luzes na cara e das enormes câmeras. Um minúsculo aparelho acústico (que chamamos de "ponto eletrônico") é enfiado no nosso ouvido e é de lá que a gente ouve a voz do editor que coordena o jornal. Parece uma voz do Além... É um cenário totalmente artificial, mas a gente precisa ter um diálogo natural com milhões de pessoas que não estamos vendo, os telespectadores. Como se estivéssemos na casa deles. Como diz Leny, a gente tem que parecer natural no ambiente mais artificial possível.

Mais uma vez, a escolha era entre fazer direito ou não fazer.

A resposta ao desafio começou a surgir numa conversa com a Leny. Eu estava empolgado e, nessas situações, geralmente me levanto, começo a gesticular e a andar. Ao me mover para a frente em direção à Leny e para trás em direção à parede, percebi uma mudança física. Mais precisamente, um aperto no peito toda vez que chegava muito perto dela e toda vez que me afastava demais. Numa área intermediária, que variava entre 1 e 2 m, eu me sentia confortável, o aperto no peito desaparecia. Eu comentei com Leny: parece que estou dentro de um corredor de paredes invisíveis. Se desse um passo à frente e cruzasse a parede invisível, surgia a sensação de desconforto, que provocava aquele aperto no peito, a redução da capacidade respiratória e de raciocínio e os gestos mais travados, robóticos. Se me afastasse além da parede de 2 m, a tendência era tentar falar mais alto, e a sensação física era semelhante: músculos do peito mais enrijecidos para tentar projetar a voz e menos naturalidade ao falar.

Aquela "epifania" discursiva era uma boa notícia. Imediatamente me lembrei de uma das experiências mais bacanas da neurociência: a do biofeedback. Vamos tratar disso com mais detalhes no capítulo 4, mas já adianto o que é: uma espécie de truque para enganar o cérebro. Parte do princípio de que, se estados emocionais provocam reações físicas (aquele aperto no peito e todas as suas consequências), é possível fazer o caminho inverso: usar o corpo para controlar o estado emocional.

Você pode testar essa teoria das paredes invisíveis com qualquer pessoa. Funciona menos com pessoas da família e amigos íntimos porque estamos acostumados com sua proximidade. Peça para a pessoa ficar parada e vá se afastando e se aproximando dela enquanto fala. Você vai perceber, com certeza, o aperto no peito quando chegar perto demais e quando estiver longe. A sensação é ainda mais forte quando chegamos perto demais porque existe a sensação de ameaça. Pergunte para a outra pessoa o que ela está sentindo e provavelmente ela vai responder a mesma coisa: quando você chegou perto demais gerou também uma sensação de desconforto, o mesmo aperto no peito. Quando se afastou demais, a tentativa de ouvi-lo também a tirou da zona de conforto.

Essas reações todas acontecem porque, ao falar para uma câmera, um grande público, numa reunião de negócios ou numa sala de aula, temos uma sensação de deslocamento, saimos do nosso ambiente de conforto para uma região cheia de perigos. É a evolução. Durante milhares de anos, o natural era conversar em volta de uma fogueira ou de uma mesa com pessoas conhecidas e em quem confiávamos. Todas elas estavam a 1 ou 2 m de distância. Essa é nossa área de conforto ancestral. Sair dessa área representa perigo. Essas reações são naturais e foram responsáveis pela sobrevivência da nossa espécie. Mas, num mundo de reuniões de negócios com desconhecidos, câmeras e palestras, o excesso de defesas ligadas atrapalha. Em vez de sermos naturais, nos tornamos artificiais para nos defender desse mundo inóspito e perigoso.

Uma coisa que aprendi é que não dá para eliminar as paredes invisíveis. Elas são nossa proteção contra os perigos. Mas é possível reconhecê-las. Esse é o primeiro passo: entender por que estamos nos sentindo desconfortáveis diante de um ou mais interlocutores. O segundo é controlar as nossas reações. O mundo ao nosso redor não vai mudar. Somos nós que temos que nos adaptar a ele se quisermos ser ouvidos.

# proxêmica

**Q**uando o Kovalick cita a questão da distância entre ele e a câmera (aqui representando os seus telespectadores) e suas impressões nessa situação, essa referência tem tudo a ver com uma ciência: a proxêmica.

A palavra proxêmica vem do latim *proximus* e significa perto. Tem a ver com a noção de se comunicar por meio de mais proximidade ou mais distância, por translação (mover o corpo) ou por expansão/contração de partes do corpo. Qual a reação quando uma pessoa chega mais perto de você? Ou quando se distancia? Existe uma proximidade que pode ser considerada abuso? Existe uma distância que significa desprezo?

O estudo desse conjunto complexo de correlações entre distância e significados é a comunicação proxêmica. O conceito foi apresentado e estudado por Edward T. Hall, um antropólogo especialmente interessado em comunicação não verbal universal. Já Paul Ekman, psicólogo americano pioneiro no estudo das emoções e expressões faciais, estudou a maneira como as microexpressões faciais universalmente demonstram emoções, mesmo em culturas diferentes. Seus achados mostram que as expressões ocorrem e podem ser decifradas por todos os tipos de povos, nas diferentes idades, em todos os níveis culturais. Edward Hall, ao contrário, estudou a linguagem do corpo, seu tamanho e suas distâncias e percebeu o tanto que essas interpretações são variáveis, particulares em cada cultura.

Para se ter uma ideia, falar tocando o interlocutor pode ser aceito e visto como demonstração de carinho na cultura ocidental e absolutamente desrespeitoso na cultura oriental.

Várias áreas de atuação se utilizam da proxêmica. No contato de profissionais da área de saúde com seus pacientes, quanto pode ser interessante ficar próximo, acolher, sem invadir?

**52 • seja inesquecível**

Na área de negociações, o que pode ajudar ou atrapalhar?

Edward Hall analisa no livro *A dimensão oculta* como o ser humano percebe e se apropria do espaço e os significados que isso tem. A partir de seus estudos, ele chegou a alguns números, válidos de modo geral para a cultura ocidental:

O espaço de 45 cm a partir do seu corpo é considerado *zona íntima*. Se alguém chega tão pertinho assim, ou tem intimidade... ou está intimidando! A sensação é extremamente desagradável e causa uma espécie de repulsa, nojo ou raiva.

Entre 45 cm e 1,20 m é considerada *zona pessoal*. É a distância razoável para qualquer conversação normal de amigos ou de trabalho. Essa também é uma região em que não gostamos de ter qualquer pessoa. É preciso uma espécie de "permissão especial" para que alguém permaneça a essa distância por muito tempo. Senão, vem aquela sensação desagradável.

A *zona social* coloca o interlocutor a até uns 3,5 m de distância, e, acima disso, temos a *zona pública*. Aqui, há poucas restrições: só não queremos ter por perto alguém que desaprovamos muito ou alguém doente. É muito curioso o modo como percebemos o território à nossa volta. Construímos um mapa interno a partir dos nossos cinco sentidos: visão, audição, tato, olfato e paladar. A percepção deste espaço se divide em duas categorias: receptores à distância (olhos, ouvidos e nariz) e receptores imediatos (tato, sensações na pele, mucosa e músculos).

Tudo isso só para entendermos que a percepção dos espaços impacta na comunicação, como intuitivamente o Kovalick percebeu. Toda aproximação, por movimento do corpo para mais perto ou esticando o braço, a perna ou expandindo alguma parte do corpo, tem um significado inconsciente de tentativa de aumento de intimidade ou exposição. Nessa condição, adotamos o tom do segredo, falamos mais baixo, olhamos mais no olho, parecemos mais conectados. Quando estamos mais distantes, a tendência é fazermos gestos mais exagerados, falarmos mais alto, ficarmos com o olhar mais perdido.

De modo semelhante, nos nossos papos em nossa rotina mantemos nossos próprios padrões de distanciamento e proximidade com as diferentes pessoas e também com os diferentes assuntos. Tomar consciência disso nos coloca num patamar de compreensão e domínio da comunicação bastante diferenciado. Quando consideramos a situação da apresentação de um telejornal, temos na câmera o olho do nosso interlocutor, só que não o vemos e não temos o feedback de suas reações. É muito mais desafiador! Assim, sentir maior conforto, maior naturalidade quando o apresentador consegue se perceber próximo, ajuda a tornar a comunicação mais genuína e espontânea.

# QUANDO O PRÓXIMO
# SE APROXIMA DEMAIS

**A** cultura brasileira em particular é muito calorosa. Nós mandamos abraços até por e-mail, trocamos beijinhos com amigos (um em São Paulo, dois no Rio de Janeiro e três para casar...), damos tapinhas nas costas. Mas essa proximidade física pode ser um grande inimigo quando envolvemos a comunicação.

Se fizermos um breve exercício de consciência emocional, vamos notar os vários sentimentos que a proximidade física de alguém nos causa. Tudo depende, é claro, da situação, do lugar e da pessoa em questão. Se estamos no estádio, torcendo loucamente por nosso time, somos capazes até de abraçar a pessoa do lado quando o jogo acaba e nosso time vence o campeonato. Nosso cérebro vai estar cheio de ocitocina. Então, tudo bem! Esse hormônio, produzido no próprio cérebro, contribui com o sentimento de intimidade e empatia, mas também regula a sensação de medo do desconhecido. Tudo super relevante em uma final de campeonato.

Mas, e quando essa proximidade física se dá, por exemplo, em um trem do metrô? Esse é um contexto no qual temos pouca ou nenhuma identificação com o desconhecido que pressiona nossas costas. A sensação é de desconforto, uma espécie de "intimidade forçada", involuntária. Pior ainda é a sensação que temos ao andar por uma rua e desconfiar que estamos sendo seguidos. Apressamos o passo, entramos em uma loja qualquer, fingimos estar amarrando o cadarço do sapato, tudo para ver se a pessoa segue caminhando e passa por nós ou também desacelera. Nesses casos, são nossos níveis de cortisol que se elevam, colocando mente e corpo em estado de alerta, prontos para a luta ou a fuga.

Uma situação ainda mais interessante surge quando nos aproximamos de pessoas que admiramos muito. Nesse caso, a substância que explode em nosso cérebro é a dopamina. A proximidade de um ídolo, de alguém que sempre quisemos conhecer, dá início a um "circuito dopaminérgico" também chamado de "via de recompensa". Nesses casos, a dopamina é produzida em uma área do cérebro lá no sistema reptiliano que também se mostra muito ativa quando estamos apaixonados. A partir dai, a dopamina migra para outras áreas associadas à empatia e à cognição. Uma descarga muito intensa de dopamina na via de recompensa nos deixa meio bobos, como uma criança no colo da mãe ou diante de seu super-herói; nossa cognição falha, gaguejamos e nos tornamos meio incapazes de fazer o que quer que seja.

Ataques de histeria e crises de choro durante shows de artistas pop são resultado desses circuitos neuroquímicos. Esse é um estado de verdadeira paixão, entre a euforia e a paralisia. Estudos feitos por Helen Fisher, da Universidade de Indiana, sugerem que esses "ataques de paixão" geram um tipo de euforia muito semelhante aos que são causados por drogas em dependentes químicos.

## dicas

*O desafio na comunicação é evitar, ou pelo menos administrar, os sentimentos de estresse e de euforia que a proximidade física pode gerar. Para uma pessoa tímida, que tende a entrar em estresse mais facilmente quando está diante de outra pessoa, o excesso de proximidade pode disparar gatilhos tipicamente reptilianos, gerando comportamentos de luta ou fuga que dificultam a articulação cognitiva e, portanto, acabam atrapalhando a elaboração de respostas em uma entrevista. Para pessoas assim, é importante para o entrevistador manter uma postura discreta, um tom de voz calmo, uma expressão simpática no rosto. Também é importante evitar o estresse temporal, algo do tipo "tenho que gravar o mais rápido possível, porque essa reportagem vai para o ar daqui a pouco". Uma frase dessas é o caminho certo para o fracasso, pois vai colocar o entrevistado tímido contra a parede.*

*Outra dica diz respeito ao entrevistado-fã. Se o entrevistador desperta aquele brilho nos olhos do entrevistado, aquela reação de um sorriso meio infantil, cuidado! Ele está perto do disparo de um gatilho da via de recompensa. E a proximidade física excessiva pode gerar aquela sensação quase inacreditável de intimidade com o ídolo. Aí, a combinação de dopamina e ocitocina pode colocar tudo a perder.*

*Nesses casos, o melhor a fazer é um bate-papo inicial, deixar que a dopamina caminhe desde o reptiliano até o pré-frontal, permitir que o entrevistado-fã tenha seus cinco minutos de euforia. Esses disparos do circuito da dopamina têm um efeito forte, mas que tende a passar em alguns minutos, principalmente se o entrevistado respirar profundamente, reduzindo a tensão corporal típica dessas situações, o velho biofeedback. Entrevistados em plena crise de euforia estão com a cognição prejudicada, meio bobos, como todo ser apaixonado. Terão dificuldade para compreender as perguntas e ainda mais para elaborar respostas. Pior ainda, podem ter a famosa crise de riso, uma das demonstrações mais claras de euforia.*

capítulo 3

# estresse amigo
# ou inimigo

O robô parecia ter adquirido vida própria, como se tivesse incorporado uma alma do Além. Ele se movia estranhamente. Estava desligado, mas mexia braços e pernas, como se quisesse escapar da estrutura parecida com um grande cabide que o mantinha preso e ereto na parede do laboratório da Universidade de Kyoto. Parecia querer partir para um ataque aos humanos.

Durante as duas horas anteriores, tive uma das experiências mais fascinantes da minha vida: controlei o robô usando as minhas ondas cerebrais. Depois de algum treinamento, conseguia fazer com que ele mexesse pernas e braços. Eu pensava num movimento e ele fazia.

O cientista coreano Kyuwan Choi, radicado no Japão, foi um dos pioneiros nesse tipo de pesquisa. Ele botou uma touca na minha cabeça, com eletrodos que iriam captar minhas ondas cerebrais. Depois de algum esforço, consegui controlar os movimentos do robô. Foi bem divertido e deu uma sensação de poder extraordinária.

Terminada a experiência e a reportagem, o dr. Choi desligou o robô e o prendeu à estrutura onde ele fica pendurado e, supostamente, parado. Mas ele começou a se mover. Mais do que isso, parecia estar tendo um ataque, mexendo braços e mãos desordenadamente. Dr. Choi revisava todos os equipamentos e, com a cara espantada, reafirmava: "mas está tudo desligado". Ficamos por alguns segundos tentando descobrir a origem daquele estranho comportamento até que a produtora de reportagem, Sanae Ono, matou a charada: é terremoto. Não sentimos o tremor do chão. Só percebemos o robô, que se movimentava porque estava pendurado.

Passado o susto, demos algumas boas risadas, mas a situação ficou realmente assustadora em seguida.

Sanae queria descobrir onde era o epicentro daquele terremoto e qual sua intensidade. Era curiosidade. Estávamos tão acostumados com terremotos que sabíamos que estaria tudo bem. Não estava...

Ela ligou para o escritório da IPC-TV, afiliada da Globo no Japão, para alguns amigos e... nada. As comunicações tinham caído. Isso era sério. Nunca tínhamos visto isso acontecer no Japão. Se as comunicações tinham caído, o problema era grave.

Nós nos despedimos do dr. Choi e rumamos para a estação de trem de Kyoto para pegar o primeiro trem-bala rumo à Tóquio.

Chegando lá, vimos a estação lotada. Nenhum trem estava funcionando. E todo mundo vidrado nos monitores de TV, esperando a chegada do maior desastre natural da história recente do Japão.

Era o dia 11 de março de 2011. O terremoto tinha sido de 9 graus na escala Richter e uma gigantesca onda se aproximava da costa noroeste do Japão. Entre o terremoto e o tsunami, se passou mais ou menos uma hora. Tempo suficiente para as emissoras de TV japonesas posicionarem suas câmeras no alto dos morros e seus helicópteros na costa do país. O mundo inteiro viu ao vivo um dos espetáculos mais aterrorizantes da natureza. Na estação, ao lado de centenas de pessoas, assistimos à costa japonesa ser varrida. Em silêncio, constatamos a pequenez do ser humano quando a natureza se revolta.

Tentamos mais uma vez contactar nossos parentes e... nada. Sem comunicação. Bom, mas não dava para perder muito tempo. Era madrugada no Brasil e logo começaria o *Bom Dia Brasil*. Teríamos que reportar o que estava acontecendo da melhor maneira que podíamos diante das circunstâncias. Por algum motivo difícil de explicar, conseguíamos nos comunicar com o Brasil, mas não com as pessoas dentro do Japão. Via internet, conseguimos fazer entradas ao vivo contando o que sabíamos, o que víamos e o drama que enfrentávamos. Naquele momento, éramos personagens da história que contávamos.

Pedimos para o pessoal do Brasil tentar ligar para nossos parentes no Japão e nos dar notícias. Se conseguíamos conversar com nossos colegas brasileiros por telefone, talvez eles pudessem achar nossas famílias. A cada intervalo entre uma entrada ao vivo e outra, perguntávamos: alguma novidade? Conseguiram achar alguém? Nada.

Eu, Sanae e o cinegrafista Katsumi Suzuki estávamos vivendo nosso maior drama pessoal e nosso maior desafio profissional ao mesmo tempo. Não foi uma decisão consciente, mas instintivamente não deixávamos uma coisa interferir na outra. Eu me lembro de ter começado a chorar entre uma entrada e outra, de tentar freneticamente ligar para a minha esposa nos intervalos; porém, quando chegava a hora de entrar ao vivo, eu enxugava as lágrimas e fazia meu trabalho de forma profissional. Sanae e Suzuki, que tinha uma mãe idosa de quem ele cuidava, agiam da mesma forma.

Meu ego tende a concluir que o trabalho bem executado daquele dia foi resultado do profissionalismo, talento e experiência. Isso tudo talvez tenha ajudado, mas a verdade é que o grande responsável por termos conseguido fazer bem nosso trabalho foi um "vilão", apontado como o mal da modernidade, responsável por dores, doenças e infelicidades e combatido persistentemente por médicos, psicólogos, religiosos e gurus das mais diferentes matizes: o estresse.

Sim, ele mesmo! O nosso velho conhecido e temido estresse. Ele, que aparece quando a gente menos precisa, que nos faz tremer e errar, estava lá para nos apoiar, nos dar a energia e a concentração necessárias para superar nossas preocupações pessoais e realizar de forma eficiente nosso trabalho.

É impossível se livrar do estresse. Ele está com a humanidade desde que nos tornamos humanos. Aliás, é um dos principais responsáveis pela nossa sobrevivência, por nos tornarmos senhores deste planeta e por subjugarmos espécies muito mais fortes do que a nossa. Foi o estresse que fez muitas tribos de humanos ficarem alertas para se defender de ataques de tigres-dente-de--sabre ou atacar um gigantesco mamute, que serviria de refeição e salvaria aquele grupo de humanos da fome. Ele é nosso companheiro. Faz a atenção, o foco, as forças e a energia se organizarem para a guerra. Já não existem mamutes ou tigres-dente-de-sabre, mas o nosso cérebro parece não acreditar nisso. Diante de qualquer perigo, real ou imaginário, nosso nível de estresse vai às alturas.

Naquele dia, porém, estávamos enfrentando um tigre-dente-de-sabre. E o estresse estava nos ajudando a manter o foco, a concentração e a buscar energias sabe lá Deus onde.

Nós, humanos, não conseguimos e jamais conseguiremos nos livrar do estresse porque precisamos dele, apesar da extinção dos mamutes. O que temos de fazer, principalmente na hora de expor nossas ideias numa palestra, reunião ou entrevista, é aprender a canalizar o estresse de forma que ele nos ajude, que seja um combustível para nos fazer brilhar, e não um inimigo dentro de nós mesmos.

# voz e emoção

Até pouco tempo, a nossa inteligência, medida por um tal QI (quociente de inteligência), era o indicador certo do nosso sucesso profissional. Com os novos desafios da nossa era, com o acesso cada vez mais fácil ao conhecimento, às informações e com a necessidade crescente de trabalharmos em equipe, passamos a valorizar mais um tal de QE, nosso quociente emocional. Introduzido por Daniel Goleman em 1998, o conceito traduz a "capacidade de identificar os nossos próprios sentimentos e os dos outros, de nos motivarmos e de gerirmos bem as emoções dentro de nós e nos nossos relacionamentos".

Para ele, a inteligência emocional é o maior responsável pelo sucesso ou insucesso dos indivíduos. Pesquisas de outros autores mostram que apenas 10 a 30% do nosso sucesso vem do QI, enquanto cerca de 85% vem do QE. A razão é bastante simples: grandes ideias precisam ser bem comunicadas e, para isso, temos que ter controle emocional. É a inteligência emocional que nos permite desenvolver e fortalecer as capacidades de autocontrole emocional, identificar e eliminar sentimentos tóxicos e crenças limitantes, eliminar a autossabotagem, aumentar a autoconfiança, desenvolver a capacidade de liderança, realizar metas e objetivos, melhorar a empatia e fortalecer a autoestima. Ufa!!!! Temos aqui uma supertarefa de autoconhecimento. Sabemos, porém, que transmitimos e percebemos as emoções por meio da comunicação... Especialmente por meio da nossa voz! Até quando tentamos disfarçar a nossa emoção, a nossa voz nos delata.

Uma pesquisa realizada pelo francês Jean-Julien Aucouturier e publicada no site Neuroscience News, mostra a criação de uma plataforma de áudio digital que modifica o tom de voz das pessoas, produzindo impacto de alegria, tristeza e medo. Os sujeitos da pesquisa liam uma pequena história e se escutavam por meio de um fone de ouvido, só que com distorções para algumas dessas emoções, sem que soubessem. E veja que interessante: à medida que liam e ouviam suas vozes alteradas, passavam a efetivamente mudar seu estado emocional, de acordo com a emoção pré-programada pela plataforma! Uma das conclusões foi que as pessoas ouvem suas próprias vozes para entender como se sentem e vice-versa. É incrível o reforço para o conceito de que o mundo ao nosso redor e sua realidade dependem exclusivamente do seu observador.

Assim, entenda que sua voz transmite emoção, mas também a modifica – e é maravilhoso usarmos isso a nosso favor.

## dicas

- Esqueça o medo do julgamento: a não comunicação não existe! Tudo comunica.
- Mantenha-se sempre no momento presente: se sua mente for para o passado, você vai comungar sentimentos de culpa e arrependimento (por que não estudei mais? Por que não me preparei melhor?). Se sua mente for para o futuro, você vai experienciar ansiedade e estresse (será que eu consigo? E se alguém perguntar algo que eu não sei?). Exercite a presença! É o único lugar seguro para você estar.
- Conjugue preparo técnico com preparo emocional sempre que precisar se expor em situações relevantes.
- Prepare-se bem para toda e qualquer situação de relevância para você; busque confiança e segurança!

E, se parecer que nada vai dar certo... coloque em prática a sua fala firme e bem projetada, articule bem as palavras, assuma a postura de vencedor e sinta-se bem!

# razão e emoção

magine-se levando um susto, daqueles que amigos nos pregam no trabalho ou nas festas. Pense na velocidade com que seu corpo reagiu: a palidez, a batedeira no coração ou até o palavrão sonoro que vieram em resposta. Agora, imagine-se lendo uma história triste ou vendo um filme dramático. Pense como essas situações emocionaram você ou até provocaram lágrimas. Por fim, lembre-se de quando você tentou decorar a fórmula de Bhaskara, se é que você ainda lembra o que é isso!

Esses exemplos servem para mostrar que nosso cérebro e, portanto, nosso corpo, reage em velocidades muito diferentes a situações impulsivas/instintivas, afetivas/emocionais e racionais/analiticas. O Nobel de Economia Daniel Kahneman explica o que acontece. No best-seller *Rápido e devagar: duas formas de pensar*, ele chama de sistema 1 os processos cerebrais de resposta mais rápida, instintivos e/ou emocionais. Essa é a lebre da fábula, reagindo rápido a estimulos, mas de forma menos consciente e involuntária. Já o sistema 2 é mais analítico e racional, mas também é lento e grande consumidor de energia, nossa tartaruga cerebral.

A rapidez do sistema 1 muitas vezes nos conduz a situações indesejadas, desde o pânico diante de um tremor de terra até o ataque de riso diante de uma situação engraçada. Já o uso intenso do sistema 2 costuma nos levar à exaustão, à irritação ou apenas a sentir muita fome. Analitico e racional, ele está associado ao exercicio da vontade, à codificação ou decodificação de mensagens, como na leitura ou escrita, e à execução de ações.

É claro que os dois sistemas não vivem vidas paralelas; nossa atividade cerebral é marcada pela interação contínua entre eles. Emoção e razão estão sempre presentes, mas nossas ações são guiadas em algumas horas mais por uma, em outras mais por outra. Assim, sentir um tremor de terra desperta imediatamente nosso instinto de sobrevivência e nos coloca no sistema 1. Mas, para encontrar as rotas de fuga, conseguir usar as funções do sistema 2 é fundamental.

Em situações críticas, manter a calma, ser mais frio e racional é algo bastante difícil. A presença da noradrenalina e do cortisol em nossa corrente sanguínea serve para preparar o corpo para lutar ou fugir, mas também reduz nossa capacidade cognitiva. É como se o cérebro dissesse: "Se você parar para pensar, ferrou!". Por conta disso, o sistema 2 se torna ainda mais lento, como uma tartaruga manca. Mas, então, o que fazer quando temos que manter a calma ou tomar decisões racionais em situações de crise?

De um lado, quanto mais atravessamos situações assim, mais aprendemos a nos manter em níveis moderados de estresse. Ficamos alertas diante do desafio ou do perigo, mas não perdemos o controle da situação. Isso é comum no treinamento de militares e policiais, mas também ocorre nas simulações de crise, como nos abandonos simulados de prédios, feitos pelas brigadas de incêndio. Por outro lado, é importante usar o biofeedback, uma das lições típicas da meditação. Respiração profunda, movimentos de relaxamento com os braços e as pernas, olhos fechados e vigilância com os pensamentos invasivos. Estes últimos são inimigos ferozes. São aqueles pequenos "filmezinhos de terror" que passam em nossa mente: o carro vai bater, não vamos nunca mais ver nossas famílias, o prédio vai desabar. Como a parte instintiva de nosso cérebro tem dificuldade para distinguir realidade de ficção (por isso choramos no cinema ou gritamos durante um pesadelo), tudo se passa como se esses pensamentos invasivos fossem parte do mundo real. E, quando entramos nesse *looping*, não há racionalidade nem frieza que resistam. É mesmo a hora do pânico.

## EUFORIA x TÉDIO

O excesso de informações novas, processadas paralelamente pelo cérebro, pode prejudicar a comunicação. Para reduzir a dispersão e aumentar o foco é importante manter algumas atitudes mentais, sobretudo a consciência sensorial e cognitiva. Mas, o que é isso?

A consciência sensorial é a atenção às informações que chegam até nós através dos vários sentidos. O cheiro do estofado está nos incomodando? O ruído do ar-condicionado é irritante? A gastrite está atacada hoje?

O excesso de informação do ambiente ao nosso redor, somado a esses outros elementos, internos ou externos, tudo estará sendo processado pelo cérebro em algum nível de consciência. E esse excesso de informações pode gerar um verdadeiro ruído mental que vai tornar as coisas mais difíceis: gaguejar, trocar as palavras, esquecer o nome do entrevistado ou deixar de fazer uma pergunta relevante são problemas típicos. Já a consciência cognitiva se refere à atenção, à forma como estamos processando racional e conscientemente as informações no momento da gravação da reportagem, do ao vivo ou da entrevista.

Em uma conversa com amigos, os níveis de tensão são baixos: a ocitocina nos faz sentir à vontade e a serotonina favorece uma autovisão positiva. Tudo é bem diferente diante de um ambiente desconhecido e de uma pessoa pouco familiar. Se for alguém que admiramos, a dopamina irá elevar nossos níveis de ansiedade pela expectativa de conhecer um ídolo e a endorfina vai nos amortecer os sentidos para nos fazer superar o cansaço da noite anterior maldormida. Se for uma pessoa qualquer, incapaz de nos inspirar uma emoção mais intensa, vamos dispersar, pensar insistentemente na edição do material ainda durante a entrevista, perdendo o foco no aqui-agora. A dopamina é incrível! Em doses erradas, muito altas ou muito baixas, nos leva à excitação ou à apatia, ambas posturas ruins em um entrevistador.

O tédio também pode ser um grande inimigo. Daniel Weissman, da Universidade de Michigan, realizou estudos de neurociência envolvendo tarefas tediosas. Os resultados sugerem que o tédio causa uma desconexão entre as várias áreas do cérebro, o oposto do processo associado ao insight. Isso significa que um entrevistador que vê o entrevistado com desinteresse pode não perceber que está diante de respostas potencialmente interessantes. Pior ainda, o entrevistador pode avaliar mal o conteúdo da resposta que está recebendo e até ter a impressão de que seu conteúdo não tem relação com o tema da entrevista. Tudo porque o pobre entrevistado não despertou interesse suficiente, não seduziu o repórter de alguma forma. Isso também vale para palestrantes e ouvintes.

Entre a euforia e o tédio, o desafio é estar muito focado no momento presente. Uma atitude emocionalmente mediana é uma das maiores virtudes para os profissionais de comunicação e para todos que querem melhorar nesse atributo. Vamos deixar a euforia para os narradores esportivos, com suas explosões de endorfina e dopamina típicas.

# dicas

*Não é à toa que muitas pessoas hoje em dia são dispersivas. Isso é fruto do excesso de informações, sensoriais e cognitivas, a que estamos submetidos. Diante de múltiplas telas ligadas com imagens e enredos diferentes, o cérebro simplesmente não consegue colocar sua atenção em nada.*

*O desenvolvimento da consciência sensorial e cognitiva é uma questão de hábito. Antes de uma gravação ou de uma palestra, é preciso examinar o ambiente, externo e interno, reconhecendo fontes potenciais de informações sensoriais. Esse reconhecimento é fundamental para reduzir seu efeito. Notar o ruído irritante do ar-condicionado será uma potencial fonte de distração, pois o cérebro irá, conscientemente ou não, processar essa informação no momento em que a atenção deveria estar focada na entrevista ou na palestra.*

*Algo parecido acontece com a consciência cognitiva, um autêntico exercício de senciência. Nesse sentido, o jornalista tem que ser um pouco como o médico cirurgião que abre o peito do paciente com um bisturi como se não estivesse diante de um ser humano de verdade. Isso se aplica no caso das pessoas que nos causam admiração. É preciso estar diante do Dalai Lama como quem estivesse falando com o porteiro de um prédio no qual nunca estivemos. Difícil, sim. Mas o próprio Dalai Lama provavelmente nos diria que essa é a atitude filosoficamente mais correta. A admiração excessiva é um grande inimigo dos profissionais de comunicação. Do mesmo modo, é preciso não se deixar dominar pelo aborrecimento diante de matérias ou entrevistados "pouco interessantes". Aqui, estamos no extremo oposto. É preciso buscar se encantar minimamente com qualquer tema, qualquer pauta, qualquer pessoa.*

robson

capítulo 4

# O corpo comandando a mente

A entrevistada parecia o Hulk no meio da transformação. Só que, em vez de ficar verde, ela ficava vermelha. Imensas placas vermelhas brotavam em sua pele enquanto ela tentava organizar o pensamento, em meio a uma respiração ofegante, numa tentativa inútil de me dar respostas minimamente inteligíveis.

Ela era alta funcionária de uma multinacional de equipamentos eletrônicos. Certamente, já havia enfrentado inúmeras situações tensas, imensos desafios. Certamente, venceu tudo isso ou não teria chegado aonde chegou. Porém, na frente de um repórter e de uma câmera, estava em pânico. As placas vermelhas eram a indicação visível disso. O discurso desconexo, a consequência indesejada.

Imediatamente reconheci as placas: era dermografismo, um tipo de alergia muito ligada ao sistema emocional. Reconheci porque já passei por isso. Quando era um jovem repórter e sofria da ansiedade para conquistar meu lugar na TV, eu vivia com as tais manchas. Não podia passar a mão no rosto. Se tivesse que limpar o suor, tinha que passar o lenço muito suavemente ou teria que paralisar as gravações por uns dez ou quinze minutos, até que as manchas desaparecessem, pois ficariam muito evidentes no ar. Essa alergia tem uma causa física (no meu caso, poeira), mas, muitas vezes, o gatilho é emocional.

Depois de poucos anos, quando fiquei mais experiente, me tornei mais tranquilo e elas sumiram de vez. Nunca mais voltaram. Reencontrei as manchas na entrevistada. Eu estava constrangido em dizer para ela que, do jeito que estava, com aquelas marcas da pele, a entrevista não poderia ir ao ar. O telespectador poderia achar que ela levou uma surra antes da entrevista. Interrompi um pouco. Disse para ela tomar um pouco de água e retomamos a entrevista. Foi só fazer a primeira pergunta e as manchas voltaram. Eu já ia desistir quando pedi para ela explicar, afinal, como é que aquele equipamento que a empresa estava lançando funcionava. Parece que deu um clique na cabeça dela. Imediatamente, as manchas começaram a desaparecer. Tinham praticamente sumido até o fim da resposta. Ela passou a respirar normalmente e deu uma resposta perfeita, clara, concisa, detalhada, que qualquer pessoa poderia entender. Falou com segurança e naturalidade.

Terminada a entrevista, perguntei para ela o que tinha acontecido; como ela retomou o controle de uma hora para outra. Ela respondeu que, quando entrou na empresa, trabalhava numa espécie de departamento de relações com a comunidade, em que recebia muitas pessoas de fora: estudantes, crianças. E todos faziam uma pergunta semelhante a que eu fiz e ela tinha que explicar o funcionamento dos mais complexos aparelhos eletrônicos de forma que qualquer pessoa, de qualquer idade ou nível cultural, entendesse. Foi isso! A pergunta levou a entrevistada para uma zona de conforto.

São duas situações que deixam a maioria das pessoas em pânico: falar em público e dar entrevista para a televisão. Durante anos, eu me perguntei: "O que faz alguém travar diante de uma câmera? Será a própria câmera? A luz? O microfone?". Tudo isso atrapalha um pouco, é verdade. A câmera é um tanto intimidadora. A luz pode dar a impressão de que a pessoa é alvo de um interrogatório policial. O microfone é um caso à parte. Já percebi que as pessoas respondem melhor quando usam um microfone de lapela do que quando o repórter usa um microfone de mão. Minha teoria é que, com o microfone de mão, o repórter invade o "espaço aéreo" do entrevistado, chega perto demais dele. Isso o deixa desconfortável e ele parte para o modo "correr ou atacar". E lá se foram a segurança e a naturalidade. Até a gravata do repórter é intimidadora. As pessoas ficam muito mais à vontade quando não estou usando gravata. Criança, então, é praticamente impossível entrevistar usando gravata. A mais falante criatura de 5 anos passa a dar respostas monossilábicas, fica quieta e, às vezes, começa a fazer cara de choro.

Apesar de todos esses elementos intimidadores, cheguei à conclusão de que há um fator superior a todos eles. É o elemento que verdadeiramente faz o entrevistado travar. É a pergunta "vamos gravar?". Funciona assim: antes da entrevista propriamente dita, o repórter costuma conversar com o entrevistado para entender melhor o que ele pensa sobre o assunto. Desse modo, na hora de gravar, o repórter já vai direto às perguntas essenciais, aquelas cujas respostas devem ir ao ar. Durante a conversa prévia, a equipe liga a luz, acerta o ângulo da câmera e bota o microfone no entrevistado, se for de lapela. Muitos entrevistados dão respostas espetaculares durante esse "aquecimento". Mas é só dizer "vamos gravar?" que eles travam. Muitos são incapazes de repetir frases que acabaram de dizer. Até já fiz um teste com alguns. Pedi para a equipe acertar tudo (luz, câmera e microfone) e começar a gravar sem que o entrevistado percebesse. Para funcionar, o cinegrafista e o auxiliar devem continuar fingindo que estão ajustando alguma coisa. Aí, faço aquelas perguntas essenciais. As respostas costumam sair maravilhosas. Muitos entrevistados, ao saberem que gravei sem combinar com eles, dão um suspiro de alívio.

O nosso cérebro é mesmo impressionante. Apenas duas palavras (vamos gravar?) botam uma pessoa em pânico. No caso de falar em público, então... Aquela multidão na nossa frente parece um monte de monstros prestes a nos engolir e o modo "correr ou atacar" é automaticamente acionado. E correr parece ser uma boa ideia... Mas por que o pânico? Se nós sabemos o assunto que vamos abordar, se treinamos em casa, se estamos ali porque sabemos mais do que as pessoas que nos olham com cara inquisidora, o que temos a temer? O nosso medo é a completa humilhação diante de uma câmera ou de uma multidão. E, geralmente, isso tudo é só o nosso cérebro nos sabotando. Uma das saídas é usar o biofeedback, usar o nosso corpo para controlar a nossa mente e os nossos medos. Veja os comentários do Robson e da Leny e você vai entender como isso funciona.

A postura é essencial para falar bem. Uma boa postura é uma forma de comunicação de duas mãos: manda uma mensagem de confiança para o nosso público e também para o nosso cérebro. Idealmente, a postura é firme da cintura para baixo (com os dois pés paralelos ou num leve ângulo se for mais confortável) e relaxado da cintura para cima. Isso manda para os nossos dois interlocutores (público e cérebro) a mensagem de que estamos seguros e relaxados.

O sorriso é um truque mais poderoso do que mágica de Harry Potter. Pesquisas mostram que ele tem um efeito poderoso na nossa mente. Transmite segurança e tranquilidade. Funciona assim: há milhões de anos, nós, humanos, sorrimos quando ficamos felizes. Esse mecanismo (alegria leva ao sorriso) é algo tão arraigado que se tornou automático. Por isso, funciona de modo contrário: o sorriso leva à alegria e nos dá a segurança de que está tudo bem. Ao forçarmos um sorriso num momento de tristeza ou quando erramos, estamos mandando uma mensagem tranquilizadora ao cérebro e ele se acalma. E mandamos uma mensagem ao público também. Ele vai se solidarizar conosco. O sorriso cria empatia. Para falar em público, há um truque fantástico usado no teatro. Antes de começar a falar, dê uma olhada no seu público. Escolha três pessoas com caras amigáveis: uma no meio, uma à esquerda e outra à direita. E só olhe para elas enquanto estiver falando. Esqueça a multidão. Convença-se a si mesmo de que você só está falando para essas três pessoas, não importa quantas estejam na sala. Olhe bem para a cara delas enquanto estiver falando e vá variando de uma para outra. Mais uma vez é uma mensagem de mão dupla: o público vai perceber a sua naturalidade e cada um na sala vai achar que você está falando com ele, mesmo que você só esteja olhando para essas três pessoas. E o cérebro vai esquecer que existe uma multidão na sala. Foque nessas três pessoas e ele vai achar que é uma conversa com amigos (lembre-se: tem que ser pessoas com rostos amigáveis). Você vai relaxar e terá mais chance de brilhar. É mais uma maneira de "enganar" o cérebro. Ou melhor, de ter o poder sobre ele.

# presença é a chave do sucesso

Quem nunca viveu uma situação assim? A nossa mente às vezes entra em pânico, nosso corpo reage e passamos a estampar e a mostrar os sinais que não gostaríamos que os outros percebessem. Como comunicação constrói percepção, e o outro reage a isso, ao percebermos a cara de espanto do nosso interlocutor, geramos um círculo vicioso e nos apavoramos mais! Ainda bem que a ciência vem trazendo cada vez mais informações e recursos para nos ajudar a evitar situações como essas.

Sabemos que há uma via que une os nossos pensamentos, emoções e atitudes. A cada pensamento, geramos determinada emoção, e esta provoca uma ação, algo perceptível na nossa postura, na nossa atitude comunicativa. A psicóloga americana de Harvard, Amy Cuddy, apresentou um TED de grande sucesso sobre linguagem corporal. Nele, ela nos traz três mensagens: diz que o impacto maior da comunicação é gerado pelo nosso corpo; que nosso estado emocional interfere no corpo; e que essa é uma via de mão dupla! Ou seja, o nosso corpo também influencia a nossa emoção. É libertador saber disso, por uma razão muito simples: é muito mais fácil lidarmos com algo concreto, como o nosso corpo, do que com o nosso pensamento. Confesso que no meu trabalho acabo me deparando com pessoas que vivem problemas pessoais e, por sua relevância, têm de se expor, se apresentar assim mesmo. E era curioso observar que, ao seguirem as minhas orientações de emergência, elas davam conta do recado, porque o interlocutor "lê" os sinais que emitimos, já que não consegue ler a nossa mente — e recebe bem essa forma não verbal de comunicação. Alguns exemplos de orientações de emergência são: mantenha postura de vencedor, olhe para seu interlocutor, articule bem as palavras, sorria! Mas me surpreendia muito perceber que, logo nos primeiros segundos desse "fingir", eles realmente se apoderavam do estado emocional que o corpo mostrava!

Uma pesquisa da Amy Cuddy comprovou cientificamente que a minha percepção estava correta. Ela colocou um grupo de pessoas em posições físicas que demonstravam poder e outro grupo em posições de subserviência. Ao medir a quantidade de dois hormônios secretados na saliva, ela constatou no primeiro grupo um aumento na secreção de testosterona, o hormônio do fazer, e a diminuição do cortisol, hormônio do estresse. E, olha só, os valores foram exatamente invertidos no outro grupo!

Para você entender melhor, a testosterona é o hormônio da dominação. Já o cortisol é secretado pela suprarrenal em resposta a estressores físicos e psicológicos; sua função básica é mobilizar energia, aumentando o açúcar no sangue e ajudando a metabolizar gordura, proteína e carboidratos. Ajuda também a regular outros sistemas, como o digestivo e o imunológico. O cortisol aumenta de manhã, depois cai e se nivela à tarde.

A testosterona aumenta a nossa assertividade e possibilidade de ação, enquanto o cortisol baixo nos defende de tipos de estressores mais passíveis de nos tirar do rumo durante nossos desafios.

Uma chave excelente para nos mantermos bem é estarmos efetivamente presentes. Mas o que é isso?

## Presença é o estado de sintonia com nossos reais pensamentos, valores e potencial, bem como a capacidade de expressá-los confortavelmente.

Veja que interessante: quando estamos presentes, prestando atenção naquela pessoa – e não nas mensagens e e-mails que vivem chegando no celular –, tudo se alinha: a fala, a expressão facial, a postura, os movimentos. Essa harmonia é palpável e ressonante, porque é genuína e nos torna irresistíveis! É resultante de uma mudança gradual: a linguagem envolve gestos abertos, postura altiva, olhar direcionado, voz forte, grave, boas pausas, ênfase. A fala também se modifica. Estar presente está no nosso controle. E se manifesta de duas maneiras: confiança sem arrogância, ou seja, um estado de entusiasmo apaixonado, e sincronia entre o verbal, o não verbal e o vocal.

Outro ponto interessante que o Kovalick nos mostra é a grande importância de ouvirmos efetivamente o outro. Infelizmente, tendemos a falar para dominar o momento e exibir a nossa capacidade. O paradoxo de ouvir é que aparentemente abrimos mão do poder, mas tornamo-nos mais poderosos ainda! Isso porque as pessoas sentem que podem confiar em você e relaxam; você adquire informações úteis, desenvolve soluções que os outros tendem a aceitar e a adotar. E, quando as pessoas se sentem ouvidas, ficam mais dispostas a ouvir e a corresponder.

# O PODER DO CORPO SOBRE A MENTE

**B**iofeedback. O termo em inglês é quase autoexplicativo. Consiste hoje em um conjunto de técnicas terapêuticas que auxiliam a compreender a relação entre corpo e mente, potencializando nossa capacidade de influenciar de maneira consciente nossos próprios processos cerebrais.

A ideia é simples: estímulos externos disparam gatilhos cerebrais e estes, por sua vez, podem gerar posturas corporais, reflexos muitas vezes involuntários, que reforçam aqueles estímulos. Assistir a um filme de terror enche nossa corrente sanguínea de adrenalina e cortisol. Então, assumimos uma postura corporal tensa, prontos para a fuga. Por fim, essa postura reforça a sensação de incômodo causada pelas cenas de terror, aumentando ainda mais os níveis de tensão. Como diria António Damásio em vários de seus livros: "Nosso corpo é o palco de nossas emoções".

Tudo isso deixa clara a dificuldade que nosso cérebro tem de distinguir realidade de ficção. Quando nos assustamos com um filme ou choramos ao ler um livro, devemos concluir que nossos processos emocionais não precisam de realidade para serem estimulados. Mas, então, também seria possível dar ao cérebro estímulos corporais direcionados para induzir processos neuroquímicos que sejam mais adequados, sobretudo em situações profissionais que sejam potenciais fontes de tensão.

Um estudo de Jay Gottfried, da Escola de Medicina Feinberg da Universidade Northwestern, Illinois, demonstra a influência da respiração em nossos estados emocionais e atitudes corporais. Não é à toa que respiramos de forma rápida quando estamos nervosos ou sob ameaça. Esse padrão de respiração nos ajuda no reconhecimento de ameaças e a adotar posturas agressivas. Invertendo a lógica, uma respiração mais profunda reduz esse estado de alerta, diminui o conteúdo emocional de nossos processos mentais e favorece a memória e a tomada de decisão. Na analogia de Damásio, é como se utilizássemos o palco do corpo para representar uma cena capaz de colocar o cérebro na condição desejada. Ou seja: respirar fundo é essencial para superar com foco e serenidade uma situação potencialmente estressante, enquanto a respiração sincopada, curta e rápida, é melhor quando temos que "partir para cima".

Portanto, para tirar o melhor do biofeedback no dia a dia, é importante estar atento ao ritmo respiratório. Diante de uma tarefa potencialmente estressante, se deixarmos que nossa respiração se torne mais rápida, nossos níveis de agressividade vão subir e nossa capacidade de raciocinio vai diminuir. Tudo pode ir abaixo depois que os gatilhos de luta ou fuga dispararem, envolvendo áreas do sistema límbico e do reptiliano. Respirar fundo, ao contrário, vai "esfriar nosso sangue" e ajudar na manutenção de uma postura mais sociável e conciliadora, típica das áreas executivas do cérebro, como o córtex pré-frontal.

capítulo 5

# COMO LIDAR
# COM ERROS

Na hora não percebi, mas quando o *SP2* que eu estava apresentando aquele dia terminou, comecei a rever mentalmente a cena em que tinha pagado um mico no ar. Reconheci imediatamente a razão de não ter evitado aquele momento constrangedor: eu tinha sido mais uma vítima de um viés cognitivo, o viés da galinha.

Vieses cognitivos são julgamentos equivocados e interpretações ilógicas. O viés da galinha vem da seguinte história: uma galinha está acostumada a correr em direção ao dono da granja porque sabe que ele vai distribuir milho. A cena ocorre todas as manhãs. Até que, um dia, a galinha corre em direção ao dono da granja e ele torce o pescoço dela.

Desculpe o fim trágico da personagem principal da nossa história, mas, além de servir para uma boa canja, a nossa amiga galinha nos dá uma boa lição. A parte animal do nosso cérebro procura padrões em tudo, nas nuvens do céu, nas sombras da madrugada, nos preços das ações da Bolsa. Padrões nos dão segurança. E, qualquer coisa fora do padrão, pode ser sinal de um perigo, o que nos leva – como já mencionamos várias vezes neste livro – a duas atitudes: fugir ou lutar. Fugimos ou lutamos quando algo está fora do lugar onde deveria. Algo que foge ao padrão é algo perigoso.

Naquele dia, no *SP2*, eu estava relaxado porque tudo ia bem, dentro do padrão. Quando surgiu algo fora do padrão, fiquei sem saber o que fazer. O que o telespectador viu, sem entender o que estava acontecendo, foi a minha imagem em total silêncio por uns intermináveis dez segundos. É o que muitos chamam de "silêncio mórbido". É aquele silêncio constrangedor da pessoa que deveria dizer alguma coisa, mas não diz. Um tremendo embaraço.

Foi no meio de uma entrada ao vivo de um repórter que estava na rua. Eu chamei o repórter e, logo que ele começou a falar, a imagem e o som da voz dele sumiram

## 80 • seja inesquecível

da tela dos telespectadores. A editora percebeu e falou no meu ouvido: "caiu o vivo, chama a reportagem a seguir". Para essas circunstâncias, temos um procedimento padrão, já bem treinado. O apresentador olha para a câmera e diz, com toda a calma do mundo, algo como: "tivemos um problema com a entrada ao vivo, veja detalhes na reportagem". Ou "vamos tratar de outro assunto, enquanto tentamos estabelecer contato com Fulano de Tal". E segue o barco. Porém, para nós, no estúdio, aconteceu algo inusitado, fora do padrão. Na tela do estúdio, a imagem do repórter continua-va aparecendo e ouvíamos a voz dele. A voz do repórter só havia sumido para os telespectadores, não para nós. Portanto, a ordem da editora ("caiu o vivo, chama a reportagem") não fazia o menor sentido diante do que víamos e ouvíamos. Aí, entra outro aspecto explicado pela neurociência: a limitada capacidade de processamen-to do nosso cérebro. De um lado, tinha a editora falando no meu ouvido que o vivo tinha caído; do outro, a imagem do repórter falando. E levei preciosos dez segundos para escolher uma linha de ação (falar ou não falar) enquanto ficava naquele silên-cio mórbido diante de três milhões de pessoas.

Erros, todos cometemos. O problema é ficar com esses erros na mente, fazendo--nos cometer novos erros, cada vez maiores. Ou ficarmos paralisados, com medo de seguir adiante ou de tentar de novo. Erros podem ser traumáticos e podem aca-bar com uma carreira.

Certa vez, ao entrevistar um alto executivo de uma empresa, ele apareceu na sala com uns dez assessores; entre eles, uns três especializados no trato com a im-prensa. Não sei para que tantos... Será que precisava de um batalhão para enfrentar um repórter e um cinegrafista? Apesar disso, a entrevista ia muito bem. Mais uma pergunta – a principal – e encerraríamos a entrevista e voltaríamos para a TV com um material objetivo e de bom conteúdo. Só que, no meio da resposta, em vez de dizer corretamente a palavra "mercadoria", ele falou "merdadoria", que – como você pode ver – soava pessimamente. Ele percebeu o erro. Notei por um movimento do rosto, mas seguiu adiante como se nada tivesse acontecido. Tive que parar e pedir que repetisse a resposta. Não dava para usar aquela palavra na TV e aquela era a resposta que tinhas as informações mais relevantes.

Com todo o jeito, pedi para que repetisse. Um entrevistado tão preparado como ele não deveria ter problemas. Foi impossível. Ele simplesmente não conseguia mais falar. Cometer um erro na frente de dez assessores e ser corrigido, mesmo de forma educada e sutil, por um repórter era demais para ele. O entrevistado travou.

Não conseguiu falar mais. Um erro bobo acabou com a entrevista. Eu percebi o constrangimento, disse que daria um jeito, que não se preocupasse, e encerramos a entrevista por ali. Fui para a TV com um problema. Felizmente, o editor encontrou outro trecho, que também era bom, e salvamos a reportagem.

Mesmo um erro tolo desses parece que, às vezes, nos coloca numa escada de destruição. Um erro leva a outro, a outro. Como fugir disso?

Aprendi a resposta vendo um jogo de vôlei pela TV muitos anos atrás.

A seleção brasileira jogava com outro país. Não lembro qual. Mas me lembro de uma cena que não foi tão relevante no jogo, mas foi marcante para mim. Um jogador brasileiro fez uma jogada errada qualquer e o Brasil perdeu o ponto. Na jogada seguinte, ele errou de novo. Ponto para o adversário. Bernardinho, que era o técnico, pediu tempo. Ele chamou o jogador num canto, mas deu para ouvir pela TV a instrução: "Você errou pela segunda vez porque ficou se lembrando do primeiro erro. Esquece! Esse ponto a gente já perdeu. Vamos jogar o próximo ponto". O jogador voltou à quadra, atuou bem o resto do jogo e a seleção venceu. É uma frase que uso como mantra toda vez que cometo um erro: "Vamos jogar o próximo ponto". Naquele dia, no *SP2*, foi o que fiz. O resto do jornal foi perfeito.

# estresse do bem

Cada pensamento gera uma emoção. Imagine que você está feliz da vida, sai de casa para trabalhar e na primeira esquina um carro te dá uma fechada fenomenal. Se você pensar: "que maluco filho da mãe!", sem dúvida a emoção subsequente será raiva. Se, diferente disso, na mesma situação, você pensar: "nossa, esse deve estar cheio de problemas!", a emoção certamente será outra: compaixão. E cada forma de pensar, com sua emoção relacionada, o levará a atitudes diferentes: no primeiro caso, você chegará no seu trabalho pisando duro e de cara fechada; no segundo, provavelmente estará bem-humorado e sorridente por não ser você o portador de tantos problemas. Uau! Nossas ações e nossas atitudes são resultados dos nossos pensamentos e emoções! Essa constatação nos traz, ao mesmo tempo, uma baita responsabilidade. Contudo, também a autonomia plena sobre nosso comportamento, trazendo para nós o protagonismo das nossas ações.

Uma pesquisa extensa realizada pela Universidade de Wisconsin-Madison, nos Estados Unidos, em 2012, reavaliou o estado de trinta mil pessoas que, seis anos antes, haviam considerado o estresse como algo positivo ou negativo em suas vidas. Os autores constataram que o risco do estresse gerar impacto negativo depende diretamente da crença que cada um tem: ele faz mal quando a percepção sobre ele é negativa!

Aqui, nós entendemos como a história do Kovalick ilustra situações diferentes, apesar de lidarem com a mesma condição. Há pessoas que consideram qualquer contratempo, qualquer falha como algo ameaçador, que nos coloca em situação de perigo. Quem pensa dessa forma, quem convive com esse conjunto de crenças, se coloca sempre no modo límbico. Ao acionar esse sistema, o cérebro emite sinais para o nosso corpo se instrumentalizar para a defesa, para a fuga, para o ataque. Percebemos a descarga de adrenalina, de cortisol nos envolvendo, trazendo taquicardia, transpiração excessiva, perna bamba, frio na barriga. E, claro que, nessa condição, teremos dificuldade de responder bem às demandas da nossa vida. Pode ser que a gente congele, pode dar aquele branco tão temido. Há outras pessoas, porém, que encaram eventuais adversidades de outra forma: como desafios! Ou seja, onde muitos percebem perigo, essas pessoas encaram o estresse como oportunidades ricas de crescimento, de superação, de desenvolvimento. Diante desse tipo de crença, a área do cérebro acionada é o neocórtex, nosso cérebro mais evoluído. Ele nos permite um rol imenso de possibilidades de resposta, certamente contemplando a melhor saída para a situação que estamos vivendo. Estamos falando do estresse do bem, responsável por estimular as glândulas do nosso corpo a secretar dopamina e endorfina, hormônios que trazem sensação de bem-estar.

A pergunta que não quer calar então é: como fazemos para acionar o neocórtex diante das situações relevantes, e não o sistema límbico? Há três sugestões:

1. **Considere o evento como um desafio, e não como uma ameaça –** Confesso que, quando me deparei com essa informação, o meu "bicho cientifico interno" questionou. Parecia muito autoajuda! Mas o grande número de pesquisas na área da neurociência me fez dar a mão à palmatória e aceitar essa grande verdade. Amy Cuddy, em seu livro *O poder da presença*, descreve uma série imensa de pesquisas sobre como o nosso cérebro, a partir de suas crenças, gera efeitos subsequentes a situações vividas no nosso corpo. Em uma dessas pesquisas, foi ministrada uma dose segura, claro, de adrenalina para dois grupos de pessoas, que deveriam registrar num papel, depois de alguns minutos, o que estavam sentindo. Ninguém sabia o que estava ingerindo; em cada um dos grupos, foi colocado um "pesquisador camuflado", que depois de alguns poucos minutos de ingestão passou a verbalizar o que sentia, sendo que um descreveu a sensação de nervosismo, enquanto o outro, de euforia. Em cada grupo o relato dos participantes foi bastante próximo do que ouviram! Os pesquisadores identificaram que a nossa interpretação sobre o que sentimos pode ser influenciada e é mais poderosa do que o efeito químico da substância! Portanto, prepare-se emocionalmente para encarar um evento que parece tirá-lo do sério como algo desafiador; chame a sua agitação interna de empolgação e siga em frente!

2. **Solte o ar pela boca, contraindo o diafragma, e inspire profundamente várias vezes –** Uma das maneiras de o nosso cérebro interpretar uma situação vivenciada como normal ou perigosa é identificando a quantidade de oxigênio que ele recebe. Só que, do ponto de vista simbólico, respirar significa interagir com o ambiente: sempre que este nos parece hostil, por qualquer razão, a nossa tendência é superficializar o processo, nos poupando de uma relação maior com esse ambiente. Lembre-se de sua reação quando algo o assusta. Geralmente, deixamos de expirar quando assustados; ao sentirmos a falta do ar, já que nossos pulmões estarão cheios de gás carbônico, erroneamente tentamos colocar mais ar para dentro, elevando os ombros para buscar mais espaço. Esse comportamento, ineficiente, nos faz mostrar ao mundo como estamos nervosos, reforça a nossa tensão – e sinaliza para o cérebro que estamos correndo perigo! Então, esteja consciente de sua respiração, permita que o ar saia e entre profundamente e usufrua da reação positiva que você sentirá.

3. **Enumere! –** Há várias ações no nosso dia a dia que exigem a participação do neocórtex. Dentre elas, a atividade de enumeração pode ser utilizada diante de algo mais desafiador, como dar uma entrevista ou fazer uma palestra e, desse modo, colocar em cena a parte do cérebro que nos interessa. Assim, rememore de modo sequencial o que você vai fazer. Por exemplo: primeiro eu vou agradecer a oportunidade, depois vou dizer o meu objetivo e em seguida vou mostrar aquele meu slide "matador". Esta é uma maneira simples de você se instrumentalizar melhor para se sair bem. Depois é só correr para o abraço!

# não focar o erro, não acordar o réptil que existe em nós

O pânico diante de uma situação difícil é apenas o ponto culminante de uma escala. Pessoas, lugares, tarefas ou situações que representem potenciais obstáculos ou ameaças despertam, inicialmente, apenas nossa atenção. Mas, dependendo da avaliação que façamos, consciente ou inconscientemente, vamos passar progressivamente do alerta para a defesa, desta para o ataque e deste para a fuga ou o pânico. Essa escala está relacionada a diversas estruturas e processos cerebrais e, sobretudo, ao sistema reptiliano.

A forma como o reptiliano nos conduz do simples alerta ao pânico paralisante pode ser compreendida como uma árvore de percepção, mostrada a seguir. A figura deve ser lida de baixo para cima.

robson

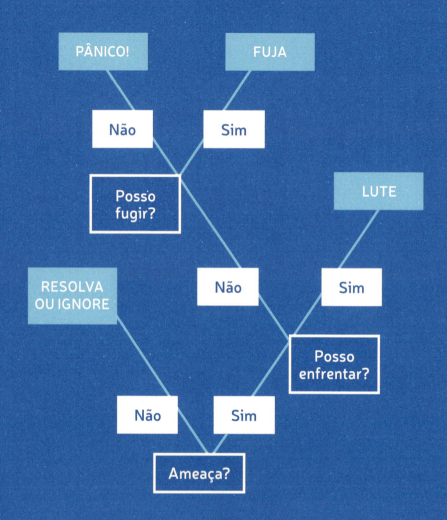

## não focar o erro, não acordar o réptil que existe em nós • 87

Tudo começa com a percepção ou crença de que estamos diante de uma ameaça. Isso nos tira do modo de relaxamento para o de alerta. Na sequência, de alguma forma consciente ou não, nós nos perguntamos se podemos enfrentar essa ameaça. Se a resposta for sim, desenvolvemos um comportamento agressivo ou, como já discutido antes, o "estresse bom". Partimos para a luta com a adrenalina, a endorfina e o cortisol em níveis "produtivos". Mas, se avaliarmos que não somos capazes de superar o obstáculo, todo o nosso corpo é preparado para a fuga, tendo o reptiliano no comando.

Mas a história não acaba aí. E se não for possível fugir? Bem, é aí que o pânico se instala. O raciocínio falha, as mãos suam, a boca seca, as pernas tremem.

Já discutimos essa escalada reptiliana antes. Mas a lição agora é outra: a importância de procurar não despertar o lagarto interior. Isso porque a reabsorção da noradrenalina no cérebro e da adrenalina na corrente sanguínea leva tempo. Isso significa que, uma vez que nossos níveis de estresse tenham subido, tendemos a superdimensionar as dificuldades e, quando isso acontece, a chance de entrarmos em um looping de estresse ruim é bem grande.

Não se sabe ao certo se o tal pensamento positivo realmente atrai coisas boas. Mas, do ponto de vista do funcionamento do cérebro, ficar rememorando fracassos certamente aumenta as chances de algo mais dar errado. Pior do que a Lei de Murphy ("se algo tem alguma probabilidade de dar errado, dará errado") é uma Onda Murphy: "se algo deu errado, algo mais dará errado em seguida!". Mas sabemos que isso ocorre com frequência.

Não focar os erros passados é tão importante para manter nosso lagarto interior sob controle quanto o biofeedback. Mente e corpo têm que trabalhar juntos para evitar fracassos decorrentes da escalada da árvore de percepção reptiliana.

# parte 2

## *near:* o próximo, o conhecido

capítulo 6

# CONTADOR DE HISTÓRIAS

A entrevista com Fernanda Takai foi uma epifania, aquela situação em que um clarão parece surgir na nossa frente e a gente tem uma revelação espiritual ou intelectual. Ao ouvi-la cantar uma música, pensei, *então é assim!*.

Como o sobrenome Takai já denuncia, a vocalista da banda Pato Fu tem origem japonesa e eu fui correspondente no Japão durante cinco anos. Isso criou uma conexão assim que nos encontramos para uma entrevista.

Enquanto a equipe preparava o equipamento, conversamos animadamente sobre a influência japonesa na vida e na música dela. Fernanda contou de um álbum que tinha gravado recentemente, em que misturava músicas que tinha ouvido ao longo da vida com suas raízes japonesas. E cantou um trechinho de uma que ela ouvia na infância: "Falar como Jesus falou", do padre Zezinho, um compositor católico, predecessor, na década de 1970, dos padres-cantores que fazem sucesso hoje nos palcos e nos altares.

Fui aluno de escola católica na década de 1970; portanto, conhecia a letra de cor. Não me animei a cantar com ela, porque sou absurdamente desafinado, mas saboreava cada palavra mentalmente, numa doce volta à infância.

A música conta a história de uma criança que se aproxima do padre e pergunta o que é preciso para ser feliz. A resposta é o refrão da música: "Falar como Jesus falou, amar como Jesus amou, viver como Jesus viveu, sorrir como Jesus sorria, sentir como Jesus sentia. E, ao chegar ao fim do dia, eu sei que dormiria muito mais feliz".

Como em quase toda música, há certas licenças poéticas. Não sabemos como Jesus sorria, nem como sentia, mas não há dúvidas sobre como ele falou. Foi contando histórias. A nossa civilização ocidental tem como base uma grande história (a vida e a morte de Jesus), recheada com outras tantas histórias que ele contou. Elas levaram – e ainda levam – milhões de pessoas a passar no mínimo uma hora do seu precioso domingo de descanso em uma igreja ouvindo essas histórias tão conhecidas serem repetidas de novo e de novo. Guerras foram feitas, catedrais foram construídas, pessoas e nações moldaram seu caráter, seu modo de viver, por acreditar nessa grande história e nas mais de quarenta parábolas que Jesus contou e dezenas de metáforas e imagens.

Claro que, como jornalista, eu já sabia que uma das minhas principais funções profissionais é ser um contador de histórias. Mas, ao ouvir Fernanda cantando, percebi que o poder delas era muito maior do que eu jamais havia imaginado. A história abre o caminho para conhecimento. É impossível abrir a cabeça de uma pessoa – metafórica ou literalmente – para botar um conhecimento lá dentro. Somente ela tem a chave, somente ela vai abrir a porta do cérebro para entrarmos com o conhecimento que queremos transmitir. Mesmo depois de franquear a entrada, ela ainda pode nos expulsar lá de dentro a qualquer instante e trancar a porta ao menor sinal de perigo, incompreensão, linguagem indecifrável e – principalmente – aborrecimento.

As histórias nos aproximam da audiência, criam empatia e um buraco de conhecimento no cérebro dos espectadores: eles têm que saber o fim daquela história.

Eu e Cíntia enfrentamos o desafio de fazer assuntos econômicos se tornarem palatáveis. Economia tende a ser um assunto árduo e – desculpem os economistas – chato. Tirando inflação, aumento de aluguel, endividamento e outras coisas que estão bem próximas do dia a dia das pessoas, é bem complicado apresentar um assunto econômico com a certeza de que o telespectador não vai trocar de canal.

Certa vez, fizemos uma reportagem sobre o recorde de produção da agricultura. Os números eram impressionantes: milhões de sacas de milho e soja produzidos, bilhões de dólares entrando no país. Tudo isso graças à tremenda produtividade dos agricultores brasileiros, que multiplicaram por não sei quantas vezes a produção sem aumentar significativamente a área plantada.

De tudo o que vi e ouvi ao preparar a reportagem, o que mais lembro é da história que um agricultor me contou. Estávamos no meio de uma plantação de soja, com plantas de mais de 1 m de altura sendo recolhidas pelas colheitadeiras. Ele contou: "Na primeira safra aqui na fazenda, há mais de trinta anos, os pés de soja eram tão pequenos que a plataforma da colheitadeira (aquela parte dentada na frente) passava por cima das plantas. Tivemos que colher a soja da fazenda inteira com as mãos". Pronto! Nunca mais esqueci essa história. Toda vez que penso em produtividade, o que me vem à mente é a imagem do agricultor — no meio de enormes pés de soja — contando que, trinta anos antes, teve que arrancar planta por planta de uma fazenda inteira com as mãos porque, ao contrário dos pés de soja que estavam na nossa frente, eram pequenas demais. Essa história acabou sendo a parte mais interessante da reportagem. Os números sumiram da minha memória. Essa história nunca desaparecerá.

A história — como essa contada pelo agricultor — tem que ser simples, usar elementos que o ouvinte conheça. Desse modo, uma conexão é estabelecida entre quem conta e quem ouve. Não pode ser complexa demais, com elementos demais, detalhes demais, que obriguem o ouvinte a fazer mil conexões cerebrais. Nem pode ser chata. Lembre-se! Temos um cérebro preguiçoso. Qualquer chance que ele tiver para se desligar, ele se desligará.

Numa outra reportagem para o *Jornal Nacional*, a missão que eu Cíntia recebemos parecia fácil: a pauta — como chamamos a ideia básica para uma reportagem — era sobre uma pesquisa que mostrava que muita gente estava trocando o cartão de crédito pelo de débito por causa do alto endividamento. Fácil. Bastava arrumar um personagem que tivesse abandonado o cartão de crédito pelo de débito por causa de dividas. Tem um monte por ai. É só ir num shopping, perambular pelos corredores e rapidinho apareceria alguém assim. Só que resolvemos fazer algo diferente, que fizesse as pessoas se lembrarem da reportagem depois que o jornal tivesse terminado.

Começamos a fazer um "*brainstorm*", como são chamadas aquelas reuniões em que os participantes soltam as ideias mais malucas possíveis e é proibido criticá-las. Geralmente, quanto maior a maluquice, mais criativa é a ideia final. Depois, claro, é preciso "aparar" essa ideia, eliminar os excessos, para que ela não fique ridicula.

Começamos perguntando: o que é crédito? Bem, basicamente, é uma forma de pagamento que faz o dinheiro que você terá no futuro ser usado agora para pagar por algo que você não quer esperar para ter. É como trazer dinheiro do futuro. Quem sabe, então, usamos na reportagem a imagem de uma máquina do tempo? Não... complexo demais. Então, se o dinheiro do futuro aparece agora para fazer compras... isso é uma espécie de mágica, certo? Pronto! Essa é a ideia. A nossa produtora Fabiana Boa Sorte embarcou na maluquice e saiu catando um mágico por São Paulo que topasse participar da reportagem. E achou. Mais do que isso! Um mágico que – por coincidência – já tinha se enrolado no cartão de crédito e passado a usar o de débito. Um exemplo simplesmente perfeito. A reportagem ficou muito legal. A primeira imagem era do mágico fazendo o dinheiro aparecer do nada. Isso representava o crédito, algo que faz o dinheiro que você não tem "aparecer". Depois, ele fazia esse dinheiro desaparecer e ficava de mãos vazias. Isso é o que acontece com quem não paga o cartão de crédito: fica de mãos vazias. Em seguida, ele contava a própria história. Durante muitos dias, colegas e pessoas na rua vinham comentar a respeito da reportagem do mágico endividado.

Histórias, metáforas e imagens fazem mágica num discurso. Ou milagres, se você for religioso. Mas é preciso saber contá-las. Uma das receitas é usar a curiosidade. Como vou fazer neste momento com você. Quer aprender a contar uma história? Está curioso? Você não pode perder os próximos capítulos.

# conte uma boa história e... encante!

Um jovem jornalista, Kevin Murray, impressionou-se muito ao entrar numa redação de jornal, acompanhado de seu novo chefe, um veterano profissional do jornalismo impresso. Observou aquele ambiente, muito barulhento por causa das máquinas de escrever, dos telefones e das conversas, e imaginou como seria difícil trabalhar ali. O chefe apontou para um grupo de jornalistas gritando ao telefone e disse que eles estavam obtendo informações para o próximo fechamento. Apontou para outros que martelavam furiosamente em suas máquinas de escrever e disse que aqueles estavam tentando cumprir o fechamento atual. Depois mostrou outro grupo de jornalistas que pareciam ociosos, olhando para o nada com as mãos atrás da cabeça ou com o olhar num ponto distante. Ele imaginou que o chefe diria que eles estavam descansando. Mas a frase dita por ele marcou o jovem jornalista: "Eles estão trabalhando mais do que todos: estão pensando em como contar melhor as suas histórias".

Boas histórias atingem diretamente o coração. Constroem rapidamente percepção, geram conexão imediata! Ao ouvir uma história, nossos interlocutores se abrem para receber novas ideias, novos conceitos, livremente e com maior boa vontade. Uma boa história predispõe o outro a fazer a sua parte no processo de comunicação, mantendo-se atento, aberto e interessado.

Quando a comunicação se baseia apenas em argumentos, em ideias, o outro se prepara para criar contra-argumentos. É intuitivo! O argumento atinge o nosso lado racional, o cérebro e estimula uma análise mais "fria" das informações. Pode ser até uma forma interessante quando o tema ou a proposta fazem referência a dados muito objetivos, concretos... Mas, para realmente gerarmos uma percepção marcante no outro e transmitirmos bem a nossa mensagem, a história é um ótimo recurso!

Quem ouve uma história se torna imediatamente um participante ativo no processo. Histórias tocam as pessoas e, quando conseguimos atingir seus corações, suas mentes as seguirão! Sempre é possível pensar em algo ou buscar alguma boa história para ilustrar as nossas mensagens. O importante é estarmos de olhos e ouvidos abertos, antenados em nossos ambientes, para captarmos algo que possa servir de exemplo, de analogia, algo cuja "moral da história" sirva de suporte para o que queremos transmitir. Podemos utilizar informações vindas de filmes, livros, peças de teatro, notícias recentes, fatos ocorridos em âmbito mais geral ou até particular. Situações que aconteceram conosco, no nosso dia a dia, geralmente compõem ótimas histórias, reais, curiosas, interessantes. Puxe pela sua memória, procure recordar-se de fatos passados, de momentos significativos.

Pode ter certeza de que esse recurso vai te ajudar a ser muito mais claro e impactante quando precisar ou quiser transmitir suas mensagens. Conte sua história! E depois me conte...

## dicas

- Quando estiver narrando uma história, foque nos sentimentos. Verbalizar o que você sente gera uma conexão imediata com quem está assistindo.
- Expanda seus horizontes: veja filmes, leia livros, se informe, preste atenção nas mudanças à sua volta. Tudo isso pode ajudá-lo a contar uma boa história.
- Mantenha-se de antena ligada, atento a tudo que ocorre ao seu redor, buscando identificar relações com os temas mais comuns de serem solicitados.
- Colecione histórias! Conte para as pessoas informalmente, avalie reações, busque formas mais atraentes de apresentar.

# memórias e histórias, personagens e arquétipos

**A** neurociência já demonstrou que a fixação de memórias está associada à repetição ou a conteúdos emocionais. Já discutimos isso anteriormente, mas o tema é tão rico e relevante que vale a pena explorar um pouco mais.

Há milênios, os grupos humanos vêm contando histórias para guardar memórias. Isso ainda acontece em culturas sem nenhum tipo de linguagem escrita, como algumas tribos indígenas da América. Alguns especialistas defendem que grandes obras na cultura ocidental, como a *Odisseia* de Homero e até o Novo Testamento, fixaram uma tradição oral que existia antes da forma textual. E muitos de nós conhecemos ao menos um parente velhinho que adora contar histórias nas reuniões de família. Mas por que o poder da narrativa é tão forte?

Muitos cientistas hoje têm estudado a chamada memória genética, isto é, a capacidade que temos de transmitir lembranças através de nosso genoma. Pesquisas como estas estão resgatando a velha ideia de C. G. Jung do inconsciente coletivo, antes tida como mística. O mais provável é que essa transmissão não seja de fatos superdetalhados, com as cenas do casamento de um bisavô que jamais conhecemos. Mas é muito provável que nosso gosto pelas narrativas, sejam romances de Tolstói ou novelas das 21h, seja parte desse processo de transmissão de lembranças.

Sentar-se ao redor das antigas fogueiras e ouvir histórias de nosso clã narradas pelos velhos patriarcas e matriarcas foi uma das formas mais eficazes de transmitir conhecimentos por séculos na história humana. E, quanto mais misteriosas, dramáticas e cheias de aventuras elas fossem, maior o conteúdo emocional e mais eficazes os mecanismos de fixação de memórias. Grandes heróis, deuses, monstros e vilões frequentam essas histórias desde a Antiguidade até os mais recentes filmes da Marvel.

O que é mais impressionante é que a formação de memórias altera fisicamente nosso cérebro; é a chamada neuroplasticidade. Um estudo do Paul Lombroso, do Child Study Center de Yale, demonstra que a formação de memórias requer que novas sinapses sejam formadas ou antigas sejam fortalecidas. Talvez por isso um gênio do porte de Albert Einstein tenha destacado a importância de contar histórias para nossos filhos, associando o aprendizado ao lúdico.

Indo um pouco mais longe, a formação de memórias está na base dos mitos e estes, de acordo com Jung, refletem arquétipos, figuras simbólicas presentes no inconsciente humano nas mais variadas culturas. Assim, a força de uma narrativa em termos de potencial de fixação em nossa memória está diretamente relacionada com referências em nosso inconsciente: o herói, o governante, o fora da lei... Ao ouvirmos histórias sobre personagens que nos são de algum modo familiares, não apenas nos condicionamos a repetir essas narrativas; nós nos imaginamos dentro da própria história, vivendo suas cenas dentro de nosso cérebro que fisicamente nunca mais será o mesmo depois de cada história bem contada.

capítulo 7

# a arte de contar histórias – conceitos de *storytelling*

A tarefa para a qual aquela dezena de japoneses se apresentou como voluntários ganhou o nome de "A última missão", porque a morte era certa. Ninguém mais no planeta Terra ousava fazer o que eles queriam fazer: entrar na Usina Atômica de Fukushima, que tinha explodido algumas semanas antes, e adotar as ações necessárias para interromper o vazamento de água contaminada por radioatividade, que ameaçava milhões de vidas.

O mundo estava apavorado. Litros e litros de água radioativa saíam da usina. Temia-se um cenário apocalíptico: água contaminada escorrendo para o oceano Pacífico. Imagine peixes radioativos! A ideia de surgirem monstros como Godzilla (criado, de acordo com os filmes, por explosões atômicas no Pacífico) deixava de ser um delírio tão distante. Mas aqueles homens e mulheres queriam eliminar esse perigo ao preço da própria vida.

Eles tinham conhecimento e experiência para realizar a missão: eram todos engenheiros nucleares, médicos, arquitetos ou tinham outras profissões que poderiam ser úteis naquela situação. Mesmo com as roupas de proteção, eles seriam expostos a uma quantidade tão grande de radiação que, se não morressem na hora, desenvolveriam algum tipo de câncer. Eles mesmos calculavam: em dez ou quinze anos, na melhor das hipóteses, estariam mortos. Todos achavam que era um sacrifício pequeno para salvar o país, afinal tinham mais de 70 anos. Um deles me disse: "Provavelmente, antes de morrer de câncer, terei morrido de outra coisa". O engenheiro Yaseturo Yamada, de 72 anos, afirmou: "Nos mandar no lugar dos jovens é apenas a coisa mais sensata a fazer".

Até hoje, mais de oito anos depois que essa história apareceu no *Jornal Nacional*, muita gente ainda me encontra e pergunta: "O que aconteceu com aqueles velhinhos?". De todas as histórias sobre o terremoto e o tsunami de 2011 no Japão, essa foi a mais marcante.

Antes de seguir, quero chamar a sua atenção para uma técnica de contar histórias que estou usando neste momento. Percebeu que você também está curioso para saber o que aconteceu com aqueles velhinhos? Entraram na usina ou não? Morreram? Desenvolveram câncer? A técnica é "criar curiosidade". Nunca entregar a história toda. Ir abrindo o paladar do leitor ou ouvinte. Deixá-lo curioso. Nosso cérebro não resiste ao que podemos chamar de "buracos de conhecimento". Eles precisam ser preenchidos. Por isso é que histórias de detetive fazem tanto sucesso. Não descansamos enquanto não soubermos quem é o assassino.

Mas vamos adiante. Por muito tempo, não entendi por que essa história, que até certo ponto era secundária no meio daquela tragédia, se tornou tão marcante. Por que as pessoas lembram tanto dela? Que elementos existem nela que atrairam tanta atenção? Mais de vinte mil pessoas morreram ou desapareceram. Pais perderam filhos, crianças ficaram órfãs. Havia centenas de gestos heroicos mostrados todos os dias. E, no entanto, a história de uma dezena de velhinhos dispostos a morrer marcou quem a viu.

Um dia, numa insone noite de sábado, enquanto tentava escolher algo para ver na TV, passei por um filme japonês e caiu a ficha. Era *Os sete samurais*, de Akira Kurosawa, obra máxima do cinema japonês. Pimba! É isso. A história dos velhinhos é a mesma dos samurais, dispostos a sacrificar a vida para proteger uma aldeia. Mesmo quem nunca viu *Os sete samurais* já viu referências sobre ele por aí, e os elementos que o filme e a história dos velhinhos tinham em comum eram: grupos de heróis improváveis, dispostos a arriscar tudo, principalmente a vida, contra vilões aparentemente invencíveis. Os dois grupos percorriam a Jornada do Herói.

A expressão "Jornada do Herói" foi criada pelo professor americano Joseph Campbell. Ele foi o autor do livro *O herói de mil faces*, simplesmente a obra mais influente do século XX no que passou a se chamar de *storytelling*, ou a arte de contar histórias. Você pode nunca ter ouvido falar de Campbell, mas já viu, com certeza, os frutos do trabalho dele na TV ou no cinema. George Lucas, o autor de *Star Wars*, escreveu sobre o livro de Campbell: "Em três décadas desde que eu descobri o *Herói de mil faces*, o livro continua me fascinando e me inspirando. Joseph Campbell estudou séculos de história e nos mostra que está tudo conectado pela necessidade básica de ouvir histórias e de entender a nós mesmos".

Se George Lucas aprendeu a contar histórias com Campbell, não dá para desprezar as lições do professor americano. Provavelmente não conseguiremos criar uma série de filmes como *Star Wars* (nem ficar milionários como Lucas), mas certamente vamos melhorar e muito a nossa capacidade de comunicação, aprendendo a contar uma história.

Primeiro, vamos ver como é essa jornada e depois como aplicamos numa palestra, numa entrevista, numa reunião.

A Jornada do Herói tem doze passos, mas vamos resumi-la. Basicamente, o herói é um sujeito que tem uma vida comum, até que algo bagunça o mundo dele, ameaçando a extinção do lugar onde ele vive e das pessoas que ama. Ele não se sente preparado para enfrentar a ameaça, hesita, mas algum sábio o orienta numa jornada de descobrimento, que, geralmente, envolve uma viagem. Ele enfrenta perigos. Descobre algo "mágico" ou "poderoso". No momento mais dramático, escapa da morte ou morre e renasce. Então, se sente preparado para enfrentar a grande ameaça e vencê-la.

Dezenas de filmes famosos cabem nessa estrutura. Veja alguns exemplos:

| OBRA | STAR WARS | MOANA | O PODEROSO CHEFÃO | O SENHOR DOS ANÉIS | GAME OF THRONES |
|---|---|---|---|---|---|
| HERÓI | Luke Skywalker | Moana | Michael Corleone | Frodo Bolseiro | Arya Stark (entre outros) |
| O QUE BAGUNÇA A VIDA DO HERÓI | Morte dos tios de Luke | Os peixes somem e os cocos ficam negros | A tentativa de assassinato de Dom Vito Corleone | A ameaça à Terra Média | A execução do pai de Arya, Ned Stark |
| MESTRE | Obi-Wan Kenobi e Yoda | Avó de Moana e Maui | Dom Vito | Gandalf | Jaqen e os Homens sem Face |
| OBJETO MÁGICO | A Força | Coração de Te Fiti e gancho de Maui | A inteligência e o sangue frio de Michael | Anel | A capacidade de mudar de face |
| VIAGEM | Até o planeta Dagobah, onde encontra o Mestre Yoda | Até o fundo do mar para recuperar o gancho de Maui e depois até a ilha de Te Fiti | Itália | Pela Terra Média | Até Braavos |
| AMEAÇA | Ditadura do Império | A destruição de Motunui, a ilha onde a tribo de Moana vive | A destruição da família Corleone | O domínio da Terra Média por Sauron | A derrota para os Lannister ou a destruição dos Night Walkers |
| VILÃO | Darth Vader | Monstro de lava | As outras famílias mafiosas | Sauron | Lannisters e Night Walkers |

Percebeu? Pode pegar quase todos os filmes e livros que você leu ou assistiu e verá que os principais elementos cabem nessa tabela.

Calma! Este capítulo não é uma apologia à cultura nerd. Já chegamos na aplicação prática da Jornada do Herói.

Joseph Campbell chamou o livro de *Herói de mil faces*, porque percebeu que os heróis das histórias que contamos são basicamente... o mesmo herói. Só mudam de cara. E Campbell percebeu que essa estrutura de história está entranhada na nossa mente, na nossa cultura, porque está baseada na mitologia e na religião. As grandes figuras bíblicas e mitológicas, por exemplo, seguem muitos desses passos.

| OBRA | BÍBLIA | BÍBLIA | LENDAS |
| --- | --- | --- | --- |
| HERÓI | Noé | Moisés | Rei Arthur |
| O QUE BAGUNÇA A VIDA DO HERÓI | O aviso de que Deus pretende punir os homens | Ter matado um feitor egípcio | Tirar a espada da pedra |
| MESTRE | Deus | Deus | Merlin |
| OBJETO MÁGICO | Fé | Os milagres de Deus e as pragas | Excalibur, a espada |
| VIAGEM | Navegando com a arca | Exílio em Midiã e depois pelo deserto | A busca pelo Santo Graal |
| AMEAÇA | A inundação | A perseguição do Faraó e a perda da fé dos hebreus no deserto | Inimigos da Inglaterra |
| VILÃO | A inundação | O Faraó e os outros deuses da região | Morgana e Mordred |

Quando contamos uma história de ninar para nossos filhos, ela também tem mais ou menos essa estrutura. Branca de Neve, Bela Adormecida... todos os contos de fadas têm alguns ou todos esses elementos. As histórias, mesmo as de ninar, têm que ter um conflito, um herói e um vilão, que será vencido no fim.

E como aplicamos isso para nos comunicar melhor?

Imagine que você esteja diante de um recrutador, que pode decidir se você vai ou não ganhar um emprego. O que você diz para ele? Foi o que perguntei para Wilma Dal Col, diretora do Manpower Group, uma das maiores empresas de recrutamento e seleção do mundo.

"Ele tem que se colocar como personagem principal da história. Contar exemplos de como resolveu determinadas situações. Não só o que ele fez, mas como fez. Em vez de dizer 'eu sou muito organizado', o candidato tem que contar como resolveu problemas de organização num emprego anterior, num estágio, num trabalho voluntário ou na sua vida pessoal."

Por essa resposta, percebi que ela estava citando alguns elementos da Jornada do Herói: o candidato é o herói, ele se deparou com alguma situação difícil, descobriu uma forma de resolvê-la e resolveu. E o que ela deixou claro: contou uma história. Perguntei para Wilma: "Você conhece a Jornada do Herói?". "Certamente", ela respondeu. "É isso que o candidato tem que ter em mente. Ele tem que contar uma história. Mas atenção! Ela tem que ser verdadeira ou o recrutador vai perceber que ele está mentindo. E ele tem que saber quem é o protagonista, quem é o vilão e as armas que têm para vencê-lo. E, geralmente, os candidatos erram ao identificar o vilão e as armas do herói. Focam nas dificuldades que tiveram e têm e não nos talentos que têm e como eles foram usados para resolver problemas semelhantes ao que vai enfrentar no novo emprego."

Wilma destacou que hoje as empresas procuram pessoas que tenham as chamadss "*soft skills*": capacidade de se relacionar, de colaborar, ter iniciativa, estar abertas à inovação e com desejo de aprender. Ou seja, qualidades que dependem da capacidade de se comunicar. E, repare, muitas delas (inovação, desejo de aprender) são características de alguém que vai desenvolver uma jornada dentro da empresa, vai se aprimorar e está aberto à "mentoria", que será fornecida pela própria empresa, pelos chefes e colegas. Então, veja se a história do nosso candidato a emprego não cabe na estrutura da Jornada do Herói:

| OBRA | EMPREGO |
|---|---|
| HERÓI | Candidato |
| O QUE BAGUNÇA A VIDA DO HERÓI | Algum problema que surgiu num emprego anterior ou numa experiência anterior e que ele teve que resolver |
| MESTRE | Empresa, colegas, chefes |
| OBJETO MÁGICO | A sua capacidade de achar a solução |
| VIAGEM | A jornada para resolver o problema |
| AMEAÇA | Uma crise na empresa, a perda do cliente etc. |
| VILÃO | O problema que ele resolveu |

Wilma deu um exemplo prático: "Imagine um candidato a motorista. Saber dirigir é *hard skill*, o conhecimento técnico. Todos os candidatos devem ter. A *soft skill* é a capacidade de perceber as necessidades do passageiro, da empresa e ter iniciativa para resolvê-las. Mas não basta chegar na entrevista e dizer: 'Eu tenho capacidade de aprender, consigo resolver problemas e sou um motorista agradável e cuidadoso'. É melhor se ele contar uma história que viveu, em que enfrentou essas dificuldades e conseguiu achar uma solução. Se ele tiver mesmo essas qualidades, é só procurar no seu passado e ele vai achar muitas histórias".

E quem não tem histórias para contar? Wilma dá uma sugestão para os mais jovens: "Experimente fazer trabalho voluntário. Para fazer bem, é necessário ter várias dessas qualidades. E o candidato viverá histórias de aprendizado e de evolução, que depois poderá contar para o recrutador".

O primeiro e mais importante passo para contar essa história é identificar o papel de cada um. Muitos porta-vozes e executivos de empresas cometem esse erro ao darem uma palestra ou uma entrevista. Falam dos feitos da empresa, dos resultados maravilhosos ou dos méritos dele como administrador como se fossem os protagonistas. Mesmo que o público esteja ali lotando um auditório para saber como aquela empresa descobriu um jeito de teletransportar seres humanos para outros planetas, a história ficará muito mais deliciosa se, em vez de se prender aos próprios feitos, o porta-voz ou executivo contar como isso vai mudar a vida daquele público, os verdadeiros heróis.

Depois que você distribuiu os papéis da história que quer contar, grande parte do seu problema estará resolvido. Em qualquer circunstância (palestra, entrevista de emprego, apresentação de um produto), identifique sempre quem é o herói, quem é o vilão e qual conflito será resolvido. Qual o seu papel (herói, como no caso do candidato a emprego, ou ajudante do herói, no caso do executivo que está dando uma palestra ou entrevista)? A partir daí, fica bem mais fácil contar a história.

Para desenvolver o roteiro, aqui vão algumas dicas:

- **Prender a atenção do leitor ou espectador é como pescar** — É preciso ter uma isca boa para fazer o peixe morder o anzol. Por isso, a primeira frase é a mais importante de todas; assim como o primeiro parágrafo é o mais importante de todos. Comece sempre com uma frase de impacto ou que gere curiosidade. Este capítulo começou com a frase "A tarefa para a qual aquela dezena de japoneses se apresentou como voluntários ganhou o nome de 'A última missão', porque a morte era certa". E até agora não contei o que aconteceu com eles...

- **A ordem da história pode ser cronológica ou não, depende de como você vai cativar melhor o leitor** — Há duas técnicas para contar essa história tão tradicionais e antigas que ganharam nomes em latim: *ab ovo* e *in media res*.

- **Ordem cronológica —** Chamada de *ab ovo*, porque é como se contássemos uma história desde o ovo, ou seja, desde o seu início. Aí estão incluídos todos os contos de fadas, as histórias da Bíblia e incontáveis livros e filmes. A história começa apresentando o cenário, os personagens e o conflito da história ou o nascimento do herói e vai se desenrolando cronologicamente. Esse tipo de roteiro facilita muito a compreensão, mas é preciso ir pontuando a história com elementos de mistério ou que desenvolvam a curiosidade para que não fique tediosa. Veja a história de Jesus Cristo na Bíblia. Ela é contada desde o nascimento dele, mas há elementos (a perseguição de Herodes, a visita dos Reis Magos) que mostram que ele está predestinado à perseguição e, que mesmo assim, será o Rei dos Reis.

- **Ordem não cronológica —** Chamada de *in media res*, que significa "no meio das coisas". A história começa de um ponto-chave que vai prender a atenção do leitor ou do espectador. O que aconteceu antes aparece em forma de flashback ou na conversa dos personagens. *Star Wars* é assim. Começa no episódio 3, chamado de *Uma nova esperança*. Para que o espectador não ficasse muito perdido, George Lucas inseriu, no começo, aquele letreiro famoso que explicava o conflito (Numa galáxia muito distante...), mas a história começa, basicamente, no meio.

Qual dos dois escolher? O que deixar a história mais interessante. Imagine que você seja formado em Engenharia pela USP e esteja fazendo o seu currículo para conseguir um emprego. É a sua história que você está contando. Por onde começaria? A) "Nasceu em 1990, em São Paulo, estudou na escola Ursinho Feliz etc."; ou B) "Formado em Engenharia na USP etc."? Obviamente, é melhor começar pelo fim, pelo mais impactante para o público que vai ler o seu currículo.

Use a curiosidade no meio da história. Vá soltando pistas no meio do caminho, como faz um bom autor de histórias de detetives. E se há um mistério a ser resolvido, não deixe que seu público se esqueça dele. Volte a se referir ao mistério de vez em quando. (Afinal, o que aconteceu com os velhinhos?)

Outra dica é evitar detalhes inúteis e chatos. Alguns detalhes podem ser importantes para nós, mas são um tédio para a plateia. Mantenha o essencial da história. Na internet, há um exemplo de concisão ao contar uma história. São os microcontos de terror. É uma espécie de disputa para ver quem conta a história mais aterrorizante em apenas duas frases, como por exemplo: "Não existe nada mais agradável do que ouvir o riso de uma criança dentro de casa. A não ser que você esteja sozinho". Precisa dizer mais para causar calafrios?

O fim da história não precisa ser necessariamente feliz, mas precisa ser inspirador. O ouvinte tem que sair com a sensação de que aprendeu algo. A história dos velhinhos não termina com nenhum gesto heroico, mas com uma atitude inspiradora. No fim, eles nunca foram chamados para cumprir a tal "Última missão". O governo japonês agradeceu a disposição deles e o possível sacrifício das próprias vidas, mas deu outro jeito de fechar o vazamento de água radioativa. Mas o exemplo deles nos faz acreditar no ser humano, na nossa capacidade de sacrifício para salvar os outros, de superação.

Todo mundo adora uma história de superação e redenção. Se você vai falar sobre você, suas experiências, não esconda seus erros, suas deficiências, mas conte as coisas que você aprendeu para superar suas limitações. No fundo, é isso que a sua audiência quer: aprender como superar as suas limitações e ter uma história de redenção. É para isso que servem os heróis: para mostrar que podemos ir além daquilo que imaginamos, que somos o que as pessoas dizem que somos. E é por isso que na Jornada do Herói ele sempre começa como alguém comum, que tem dúvidas sobre o papel que precisa desempenhar, sobre sua capacidade de enfrentar o mal que pode destruir tudo e todos que ama. No fundo, todo mundo quer apenas uma coisa: uma mensagem de esperança. Ou *Uma nova esperança*, como diria George Lucas.

# outras Formas de contar Histórias

Histórias realmente têm o poder de abrir o coração das pessoas e permanecer memoráveis. Com as histórias que o Kovalick vem nos contando aqui, aprendemos de modo leve vários conceitos interessantes de comunicação, que sem dúvida habitarão a nossa memória afetiva e se farão presentes em vários momentos de nossas vidas.

Na história contada agora por ele, conhecemos o método mais disseminado para a utilização dessa ferramenta: a Jornada do Herói. Há, porém, outras formas que valem a pena levarmos em conta.

A mais antiga delas teve como responsável um filósofo grego, aluno de Platão e professor de Alexandre, o Grande: Aristóteles. Seus estudos abrangeram diversos assuntos, como a física, a metafísica, as leis da poesia e do drama, a música, a lógica, a retórica, o governo, a ética, a biologia e a zoologia.

Aristóteles nasceu em 384 a.C, na Grécia. Sua proposta para a elaboração de histórias se baseia no que ele descreveu como o método dos três atos: começo, meio e fim.

No primeiro ato, é feita a apresentação. Esta parte corresponde a cerca de 30% da história e descreve quem é o protagonista, suas características e traços de personalidade. A partir disso, é exposto o incidente incitante, ou seja, um fato que será contado e que atrairá a atenção no decorrer de toda a história.

O segundo ato é o que ocupa a maior parte da história: 50%. Nele, é descrita a confrontação, onde as primeiras tentativas de solução começam a surgir. É mostrado o ponto central, ao redor do qual são descritas situações, tentativas, recursos para eventuais desdobramentos.

No terceiro ato, surge a resolução. Com cerca de 20% restante da história, o autor descreve o desfecho, a solução, o resultado. Essa forma de contar é utilizada em muitas novelas, filmes e livros.

**outras formas de contar histórias • 109**

Outra proposta é descrita por um brasileiro, Joni Galvão, numa releitura dos estudos do mitologista, escritor e professor universitário americano Joseph Campbell: é a fórmula 4 x 4! Nela, a estrutura da história considera quatro elementos e quatro momentos. Os quatro elementos correspondem à ideia governante, ao universo da história, ao protagonista e seu desejo e às forças antagônicas. A descrição desses elementos tem a força de envolver o interlocutor e de prepará-lo para acompanhar até o desfecho.

Os quatro momentos têm a ver com a descrição do ambiente, do incidente incitante, de complicações progressivas, até a conclusão, o final da história. É outra forma de contar, também interessante!

A terceira proposta se aplica mais a situações relacionadas ao trabalho. Muitas empresas têm praticado esse formato para colocar em pauta a questão do propósito, da missão, dos objetivos, temas cada vez mais relevantes para o exercício da boa liderança. Aqui, o "eu" corresponde à minha história, ao meu propósito. A intenção é criar empatia com a audiência, conectar, convidar o outro a se aproximar. O "nós" tem a ver com a nossa história. É o momento de compartilhar experiências, valores, crenças e propósito. E o "agora" é o chamado para a ação. Aqui, são descritas estratégias e ações para o propósito comum, para que os objetivos sejam atingidos em conjunto. Trata-se de uma estratégia super aplicável para a maioria das empresas, que enxergam nesse recurso uma ótima oportunidade de atrair e motivar os profissionais a atuar de maneira envolvida e engajada.

Viu só? Agora você tem várias possibilidades de escolha para encantar com a sua história!

# Neuroevolução e liderança, uma história bem contada há milhões de anos

Todos nós somos descendentes de algum ancestral covarde, alguém que soube fugir e se esconder na hora certa. Mas não adianta procurar em sua árvore genealógica ou perguntar para seus parentes mais velhos quem era esse fujão. Esses nossos antepassados covardes, os *Australopithecus*, antecessores do gênero *Homo*, viveram nas savanas africanas há milhões de anos. Eram animais pequenos de pouco mais de 1 m de altura, mas que já tinham iniciado a jornada evolutiva que, muito provavelmente, deu origem a nós, *Homo sapiens*. O cérebro do *Australopithecus* era cerca de 35% menor do que o nosso e sua capacidade de construir ferramentas parecia não superar a dos macacos atuais.

A questão que se coloca é: então, por que uma espécie animal que evoluiu a partir de comportamento furtivo de mamíferos tão frágeis é tão aficionada por heróis? Por que toda boa história precisa de alguém que nos impressione com atos de coragem, salvando os pobres mortais indefesos às vezes no último minuto, quando as esperanças já tinham quase desaparecido? A resposta dada pela neuroevolução está ligada à questão da liderança.

A evidência fóssil e as teorias mais aceitas hoje sugerem que mesmo aqueles nossos ancestrais covardes já se organizavam em bandos com um macho dominante. E qual o papel do líder em grupos pequenos de animais que estavam apenas começando a deixar o alto das árvores? Antes de tudo, dar o alerta diante do perigo, comandando a fuga.

Milhões de anos depois, essa herança genética permanece em nós. Mas, é claro, a evolução fez o seu papel. Nossos heróis atuais são aqueles que superam nossa covardia ancestral, que se arriscam, que seguem adiante quando quase todos já desistiram. E, para que novos heróis surjam em uma espécie animal ainda tão frágil como a nossa, suas histórias precisam ser contadas e recontadas. Isso, porque, dada a complexidade atual de nosso cérebro e de nossas relações sociais, algumas dessas memórias genéticas precisam de um contexto para serem despertadas. Todos nós nos assustamos diante de um rugido, ainda que jamais tenhamos estado minimamente perto de um grande felino. Do mesmo modo, aranhas e serpentes despertam medo ancestral e instintivo na imensa maioria de nós sem que precisem estar em um dado contexto. O mesmo acontece com odores que indicam que um alimento possa estar estragado. A repulsa é visceral e instantânea. Mas a liderança é uma relação complexa de caráter social, algo mais intrincado do que um simples medo ou nojo.

Histórias de heróis calam fundo em nós. Elas nos fazem "recordar" da longa história da sobrevivência de nossa espécie e da de nossos ancestrais mais longínquos. O exemplo do líder nos inspira reverência e, ainda que jamais sejamos capazes de fazer algo parecido, sempre vamos torcer pelos mocinhos, seja na vida real, seja nos livros ou no cinema.

## EU QUE VIVEU X EU QUE LEMBRA

Do ponto de vista evolutivo, a área mais desenvolvida de nosso cérebro é o neocórtex pré-frontal, localizado logo atrás de nossa testa. Ele é responsável pelos principais processos lógico-cognitivos, pela análise de situações novas e pela execução de nossas escolhas. Mas a conexão entre as várias peças de uma narrativa também é realizada por essa mesma área. Ou seja, lógica e narrativa estão lado a lado em nosso cérebro e isso é significativo para compreendermos o poder do *storytelling* nos processos de comunicação e convencimento. Ao mesmo tempo, depois de tomarmos uma decisão, tendemos a descrever o processo por meio de narrativas, enfatizando alguns aspectos e disfarçando outros. Ou seja, a narrativa atravessa nossos processos decisórios do início ao fim.

A tendência de recriar uma história para justificar uma escolha também está na base da eficácia do *storytelling*. A área cognitiva do cérebro, o pré-frontal, é capaz de analisar logicamente uma situação, codificar conteúdos (como na escrita ou em um gesto de "OK") e decodificar conteúdos (como na leitura ou na interpretação de uma luz vermelha no trânsito). Mas essa mesma área conecta partes das narrativas, sejam as que criamos, sejam as que nos são contadas. Talvez por isso, por estarem associadas à mesma área do cérebro, a análise lógico-racional e a compreensão de uma história estejam tão vinculadas e se influenciem mutuamente.

A vantagem da boa narrativa sobre um argumento puramente racional é o nível de gasto de energia. Fábulas, ditados populares, trocadilhos possuem conteúdo lúdico. De um lado, transmitem mensagens, mas, de outro, são mais facilmente memorizáveis. E essas memórias de baixo custo energético acabam ecoando de forma meio inconsciente em nossa mente, são acomodadas mais facilmente em nossa biblioteca de lembranças emocionais. É como se, horas depois, o narrador ainda estivesse falando dentro de nós, às vezes até em nossos sonhos. E, por mais paradoxal que seja, alguém que foi convencido por uma boa história, quando for justificar sua decisão... contará sua própria história, enfatizando os elementos supostamente racionais. Essa pessoa viveu uma experiência de caráter lúdico e afetivo; no futuro, talvez nem se lembre mais disso, pois acabou recontando a história de forma falsamente racional. Aí então, o **eu que viveu** terá vencido o **eu que se lembra**. Mas a decisão já estará tomada. Essa é uma bela história sobre nosso cérebro muito bem contada por Daniel Kahneman, nosso Nobel de Economia de 2002.

# capítulo 8

# saber ouvir

Foi o momento em que duas culturas se chocaram. E tudo porque não havia uma lata de lixo reciclável por perto.

Kunihiro Otsuka – Kuni, para os amigos e colegas – é nosso brilhante produtor em Tóquio. Kuni nasceu e viveu quase toda a vida no Japão mas, se você conversar com ele, certamente pensará que é 100% brasileiro. É que ele fala português muito bem, sem nenhum sotaque, apesar de ter estudado nossa língua apenas na faculdade e de ter passado apenas um ano aqui no Brasil. Nada surpreendente em se tratando de um japonês. Se eles se propõem a fazer alguma coisa – como falar essa difícil língua que falamos –, tem que ser perfeito. E ele fala português de forma tão perfeita que é fácil achar que ele vai se comportar como brasileiro em qualquer situação e aceitará facilmente a nossa tendência, por exemplo, a dar um jeitinho quando encontramos um empecilho. O famoso jeitinho brasileiro.

Foi exatamente por eu tentar dar um jeitinho que ocorreu o nosso choque de civilizações. Eu queria jogar uns tubos de metal de 1 m de comprimento numa montanha de lixo de metal de 15 m de altura e ele achava isso inaceitável. "Metal, Kuni, tá vendo? Metal tem que ir na montanha de lixo de metal", eu dizia. "Isso vai contra os meus princípios", respondia ele.

Para entender essa história esquisita, vamos contextualizar.

A nossa missão naquele dia era mostrar como estava o Japão um ano depois do tsunami de 2011. A diferença, em apenas um ano, era impressionante. Faltava reconstruir prédios e casas, mas a infraestrutura já estava toda pronta. Estradas que foram destruídas pelo terremoto que causou o tsunami estavam novinhas em folha. A luz, a água, o esgoto… Tudo estava funcionando perfeitamente numa região que, um ano antes, tinha sido varrida por um dos maiores desastres naturais da história.

Para evidenciar a diferença nesse período de um ano, poderíamos ter mostrado uma imagem ao lado da outra na nossa reportagem, mas decidimos ser um pouco mais ousados. Recorremos a um recurso de TV e cinema chamado *chroma-key* para mostrar o antes e o depois. É uma imagem projetada num fundo verde. Sabe aquele dragão que ataca o herói do filme? Ele é uma imagem projetada num fundo verde. O ator que faz o herói atua na frente desse fundo verde e tem que imaginar que ali existe um dragão. Depois, a equipe de efeitos especiais insere o dragão na imagem.

A nossa ideia era fazer algo parecido. Iríamos levar uma enorme folha verde para os locais que já tinham sido reconstruídos, como uma rua, por exemplo. Estenderíamos essa folha numa esquina, como se fosse uma parede verde, e eu faria a gravação na frente da folha. Mais tarde, na hora de editar a reportagem, iríamos inserir, sobre esse fundo verde, imagens da rua destruída pelo tsunami. Eu diria algo como "olhe como ficou esta rua, completamente arrasada etc.". No meio da gravação, Kuni retiraria a folha verde e revelaríamos que aquela rua estava novinha em folha. É um pouco difícil de explicar o processo, mas o resultado no ar fica sensacional. O telespectador consegue perceber com perfeição a diferença entre antes e depois.

Tínhamos, porém, um problema. Fazer isso num estúdio é fácil, mas na rua é bem complicado. O vento pode fazer a folha voar ou se rasgar. Aliás, ela se rasgou algumas vezes. Felizmente, Kuni, usando a precaução japonesa, traçou todos os possíveis cenários e recomendou que levássemos mais de uma folha… Se não fosse ele, eu teria dito: "Gente, não se preocupa. Na hora a gente dá um jeito". Felizmente, tinha o Kuni na equipe.

Para que o efeito desse certo, precisávamos grudar esse papel verde em alguma estrutura, como se fosse uma enorme pipa. Eu tinha em casa uma arara, dessas de pendurar roupas, e estava prestes a jogá-la fora. Ela era formada por tubos de metal, os tais tubos que geraram nosso desentendimento.

Ao chegar ao primeiro local de gravação, que era justamente uma esquina de uma rua reconstruída, montamos a arara e colamos o papel verde nos tubos. Ficou perfeito! Um enorme quadrado verde com rodinhas embaixo. Kuni ficava escondido atrás da estrutura verde e, na hora em que eu dizia algo como: "Veja agora como está a rua hoje", ele suavemente empurrava a arara, como se estivesse abrindo uma janela. Ela saía da frente da câmera e a gente revelava como a rua estava um ano depois. Fizemos a mesma coisa em uns cinco ou seis lugares. Funcionou perfeitamente, tirando as vezes em que o papel foi rasgado pelo vento…

Até que chegamos ao último local. A tal montanha de lixo. Não era uma. Eram umas cinco, numa área que ainda estava bastante destruída e os sinais do tsunami eram bem evidentes. Os operários japoneses fizeram aquilo da forma mais organizada possível. Eles separavam o lixo e botavam cada tipo numa montanha gigantesca. Tinha a montanha de madeira, a de louça, a de roupa. Tudo preparado para reciclagem, sem que nenhum pedaço de madeira, por exemplo, "contaminasse" a pilha de louça. Todas as montanhas eram enormes, da altura de prédios de cinco andares e largura de campos de futebol. E havia a tal montanha de metal, que provocou nosso fugaz desentendimento.

Tínhamos terminado a gravação. Kuni, diligentemente, pegou o papel verde, rasgou e dobrou de modo que ficasse do tamanho de caixas de pizza pequenas. "Agora", disse ele, "cada um pega um pedaço e joga no lixo do quarto do hotel. Como as pessoas nos hotéis pedem pizza nos quartos, não haverá problema botar este material na lata de lixo destinada ao papelão." Eu não estranhei aquele plano um tanto mirabolante (para que levar o lixo para o hotel se estávamos num depósito de lixo?). Eu já estava acostumado com o jeito exemplar com que os japoneses tratam os seus detritos. Em Tóquio, por exemplo, não há lixeira nas ruas. Se as pessoas produzirem algum lixo – ao usar um lenço de papel para limpar o rosto ou assoar o nariz, por exemplo –, elas guardam esse detrito na bolsa ou no bolso e jogam na lixeira de casa.

Na hora de decidir o que fazer com os tubos de metal da arara é que surgiu o problema. Brasileiramente, sugeri que jogássemos aqueles tubos na enorme pilha de metal. O plano da caixa de pizza fazia sentido porque não havia uma pilha de papel. Mas havia uma pilha de metal e me parecia lógico jogar metal na pilha de metal. "De jeito nenhum", replicou Kuni. Diante da minha insistência de que isso não tinha lógica, Kuni foi mais incisivo: "Ok, se você não quer levar esses tubos para sua casa, eu levo para a minha e jogo no meu lixo". Eu tentava entender: "Por que, meu Deus do céu? Que diferença vão fazer uns tubinhos de metal nessa pilha gigantesca?". Kuni encerrou a discussão com a seguinte explicação: "Esse lixo faz parte da história das pessoas que morreram, de outras que estão vivas, mas sofreram muito e ainda sofrem. O que hoje é lixo já teve significado para elas. O seu lixo não significa nada para você. É simplesmente algo que você quer jogar fora. Por favor, não misture com algo que já fez parte da vida dessas pessoas".

Mais uma lição aprendida. Toda vez que alguém se interessa em saber sobre os dez anos que passei no exterior, a primeira pergunta é: "Como é que você fazia para se virar com a língua?". A língua — seja inglês, japonês ou qualquer outra — nunca foi problema. A gente sempre dá um jeito de se entender. A dificuldade foi sempre traduzir os costumes. É um desafio para um correspondente entender costumes e formas de pensar tão diferentes e traduzir isso para os telespectadores brasileiros.

Saber ouvir é o primeiro passo. Temos a tendência de sempre ouvir mais a nossa voz interna do que aquilo que as pessoas à nossa frente estão dizendo. E isso é fundamental na comunicação. Quando queremos vender uma ideia, achamos que devemos falar, falar, falar, falar... Escolher belas palavras, metáforas sensacionais, tom de voz adequado, mostrar empolgação. E esquecemos que comunicação é uma via de duas mãos.

Lakshmi Balachandra, professora de Empreendedorismo na Babson College, uma das mais prestigiadas faculdades de negócios dos Estados Unidos, pesquisa as características que fazem os criadores de startups conseguirem ter sucesso no momento em que irão decidir se suas empresas vão virar algo parecido com a Apple ou ficarão esquecidas na poeira da história. Ela estuda as apresentações dos jovens empreendedores aos chamados "investidores-anjos", que são executivos, administradores de fundos de investimento, que buscam avidamente descobrir uma pequena empresa que vá se transformar numa gigante. Universidades como o MIT — o famoso Massachussets Institute of Technology — organizam eventos que unem os criadores de startups com investidores-anjo. Os criadores de startups têm geralmente alguns minutos para apresentar seus projetos e cativar os donos do dinheiro. Se forem eficientes, poderão obter o financiamento de suas ideias e, talvez um dia, se tornar novos Steve Jobs.

Balachandra analisou várias características e tem inúmeros artigos sobre o tema. Uma dessas características é saber ouvir. Um dos maiores erros que os jovens empreendedores cometem é jogar um monte de informações e dados em cima dos investidores sem deixar espaço para que eles falem. Num artigo na *Harvard Business Review*, de maio/junho de 2017, ela escreveu: "Muitos investidores-anjo são empresários experientes, que querem ser mentores disponíveis para qualquer situação. Então, eles preferem investimentos nos quais eles podem adicionar valor. Para que isso aconteça, o fundador de uma startup tem que ser receptivo às respostas (feedback) e ter o potencial de ser um bom aprendiz".

Saber ouvir é também saber interpretar gestos e expressões. Se a sua audiência começa a olhar o celular, é porque você está sendo enfadonho. Melhor puxar da manga uma piada ou ser um pouco mais "teatral" e menos tedioso. Por isso, é preciso preparar bem a nossa fala e ter truques pré-preparados para esses momentos.

Para saber ouvir, a gente não precisa fazer uma sessão de perguntas no início da palestra ou questionar o recrutador de emprego sobre o perfil do profissional que ele está preparando. A gente precisa tentar descobrir o perfil da audiência e as dúvidas que ela pode ter. Reuniões preparatórias têm esse papel.

Por causa da minha experiência no Japão, e de como o país leva a sério questões como o lixo, uma vez fui chamado para uma palestra a um grupo de executivos e gerentes sobre Responsabilidade Social. Preparei toda uma palestra explicando a importância para o planeta de reciclar lixo, combater o desperdício e buscar mais diversidade no ambiente de trabalho. Numa reunião preparatória, uma representante do grupo falou: "Nós já fazemos isso. Esses passos, já damos nas empresas em que trabalhamos. Você precisa ir além, tem que trazer algo desafiador para esses executivos e gerentes ou eles vão dormir, ligar o celular ou sair da sala". A saída foi chamar a palestra de "Como chegar a presidente da empresa apostando na Responsabilidade Social". Falei sobre como o combate ao lixo pode representar economia para a empresa, como a diversidade atrai mais consumidores porque todos se sentem representados, como a aposta na preservação da natureza pode ajudar na criação de novos produtos; enfim, mostrei que a Responsabilidade Social pode ser uma vantagem competitiva para a empresa e que poderia ajudá-los a, um dia, chegar ao cargo de presidente. Mandei a mensagem que queria desde o começo, mas, antes, ouvi as ansiedades e aspirações deles. Falei por uma hora e meia. Ninguém pegou o celular ou saiu da sala.

# você ouviu?
# escutou mesmo?

> "O que as pessoas mais desejam é alguém que as escute de maneira calma e tranquila. Em silêncio. Sem dar conselhos. Sem que digam: 'Se eu fosse você…'. A gente ama não é a pessoa que fala bonito. É a pessoa que escuta bonito. A fala só é bonita quando nasce de uma longa e silenciosa escuta. É na escuta que o amor começa. E é na não escuta que ele termina."
> Rubem Alves, em *O amor que acende a lua*.

O cuidado com o ouvir é essencial nas interações humanas. Sempre nos ocupamos do falar, buscamos aprimorá-lo, nos avaliamos a partir dele e das reações que provocamos nas pessoas. O ouvir costuma ser menos considerado, mas, nas nossas interações, no nosso contato com o outro, a sua importância é muito grande.

Ouvir o outro é uma arte, uma habilidade e requer muita disciplina; exige autocontrole e muita, muita boa vontade! Há certas regras implícitas numa conversação – e parecem ser assimiladas inconscientemente pelas pessoas – sabemos o momento de falar, aproveitamos as "deixas" para tomar a palavra, prestamos maior atenção quando o outro sinaliza mais convicção etc. No entanto, às vezes é necessário e desejável que reflitamos sobre como tem sido o nosso comportamento perante o outro num mundo cada vez mais apressado, com tanto bombardeio de informações, com tanta urgência de tudo. É importante nos treinarmos para ouvir com atenção, com empatia. Isso é muito mais do que escutar; é entender a mensagem do outro, perceber todo o contexto e os sentimentos e emoções envolvidos. Segundo Thomas Brieu, fundador da Do-It e grande pesquisador da "escutatória", ouvir o outro com empatia nos permite encurtar distâncias e coloca o nosso interlocutor em posição ativa e colaboradora. Temos que acolher claramente a história do outro, emitindo provas de escuta ativa, de interesse real e de consideração ao que o outro diz, mesmo que

não estejamos de acordo. Trata-se de transmitirmos ao nosso interlocutor que estamos atentos e interessados naquilo que ele diz para que, depois desse acolhimento, que acalma e abaixa as defesas, coloquemos o nosso ponto de vista. Aí, sim, haverá clima e espaço para o debate, não mais o embate.

Há algumas barreiras que devem ser evitadas. Evite comparar-se com quem está falando, sobrepor-se ao outro com uma história ainda melhor. Cuidado para não tentar ler a mente do outro, achar que já sabe o que ele vai dizer. Esforce-se para não submeter o que é dito ao seu filtro e, assim, só ouvir o que lhe interessa. Evite criticar e julgar, colocar-se como o "dono da verdade". A maioria das conversas busca apenas a troca saudável de ideias, portanto, poupe os seus conselhos, controle a sua vontade de dirigir a vida do outro.

Procure desenvolver reações mais positivas, mais assertivas! Ouça com interesse genuíno, demonstre a sua atenção total, sua vontade de compreender. Substitua hábitos ruins por bons hábitos! É a melhor maneira de corrigir alguma coisa. Faça perguntas e peça esclarecimentos sempre que não entender bem. Parafraseie seu interlocutor, ou seja, repita o que entendeu com suas palavras, a fim de certificar-se de que está correto.

A demonstração de atenção e interesse em ouvir espelha o nosso cuidado com o outro. Ao se sentir considerado, nosso interlocutor coloca-se em tal condição favorável que todas as possibilidades de entendimento se ampliam. É nessa escuta amorosa que a harmonia se cria e que a comunicação cumpre mais esse papel, o de aproximar as pessoas e colocar em prática a experiência do amor.

A maioria das pessoas passa 70% do tempo em que está acordada interagindo com outros seres humanos de alguma maneira; apenas 45% desse tempo são dedicados a ouvir! Muitos autores defendem a importância de uma boa escuta. É por meio dela que identificamos o que o outro necessita e, assim, conseguimos atendê-lo de modo mais eficiente. Ouvir é uma arte, uma habilidade e uma disciplina que exige autocontrole. Ouvir assertivamente é algo que precisamos praticar com consciência e intenção, porque nossa concentração costuma ser curta e tendemos a ser seletivos, ouvindo apenas aquilo que nos interessa. Ainda mais em tempos de hiperestímulos, de inúmeras fontes. Além disso, insistimos em ler a mente do nosso interlocutor, já que temos a ilusão de que vamos adivinhar o que ele quer, tanto quanto cremos que ele é capaz de ler os nossos pensamentos.

Sem saber ouvir, a possibilidade de interpretarmos as pessoas de forma errada é enorme; assim como se não soubermos falar, elas terão dificuldade de entender nossos desejos. É importante ouvir o outro sem críticas, se abrir para à verdade do outro, incorporar novas ideias. Não vale fingir que ouve e já estar buscando argumentos para desqualificar o seu interlocutor.

O autor Alvaro Fernando, em seu livro *Comunicação e persuasão: o poder do diálogo*, utiliza uma analogia ótima para explicar essa ideia. Ele sugere que consideremos as nossas opiniões como algo que carregamos numa mochila, junto de nós, mas fora do corpo. Nós não somos as nossas ideias. Assim fica mais fácil aceitarmos críticas, revermos impressões e mudarmos de ideia! Aliás, condição fundamental para evoluirmos.

## dicas

- *Há pessoas que se fecham tanto em suas convicções, que só ouvem o outro para o desqualificar, para contra-argumentar, como se a comunicação fosse uma disputa, um embate, um duelo. Fuja disso!*
- *Ouça de verdade: procure se abrir para a verdade do outro, busque incorporar a ideia, sem crítica ou julgamento.*
- *Busque a troca saudável de ideias, poupe conselhos e controle a vontade de dirigir a vida do outro.*
- *Somos o somatório das várias ideias e conceitos que já passaram por nós; temos que ter, como dizia o psicanalista Flávio Gikovate, o "cérebro poroso", ou seja, permitir a entrada de outros dados, outros pontos de vista, outras verdades. Você tem muito a ganhar!*

# saber ouvir sem atividades competitivas

Todos nós já passamos por isso quando éramos estudantes e em várias outras situações. Tentamos ouvir e tomar nota ao mesmo tempo. É bem verdade que alguns jornalistas desenvolveram essa habilidade, mas, em geral, ou ouvimos bem ou anotamos bem. É parecido com ouvir e falar. Bons tradutores simultâneos conseguem. A maioria de nós, não.

Mas por quê? Do ponto de vista da neurociência, já vimos que a resposta é simples: atividades cognitivas paralelas competem, disputam uma área relativamente "pequena" do cérebro, as regiões responsáveis pela cognição, por darem significado a nossos contatos com o mundo exterior.

Mas o mesmo acontece quando um pensamento nos distrai. Se colocarmos nossa atenção em um processo mental de causa e efeito, é comum "brisar", isto é, olhar para o nada e aparentemente parar de ouvir o que estão nos dizendo. Na verdade, as áreas receptoras do impulso sonoro estão operando plenamente, sendo, inclusive, capazes de selecionar o nível de atenção que damos aos sinais sonoros. Por isso, somos capazes de ler um livro e ouvir música ao mesmo tempo. No entanto, se estamos priorizando a leitura, pouco decodificamos o conteúdo da música. Mas se, de repente, surge aquela canção predileta que nos faz lembrar de momentos especiais, tudo se inverte, e perdemos a concentração que tínhamos no texto para "viajar" na melodia.

O que muita gente não valoriza é que um estado de atenção plena em termos de audição, isto é, o saber ouvir, é algo passivo do ponto de vista consciente, mas muito ativo inconscientemente. De modo mais simples, quando ouvimos uma narrativa e tentamos o tempo todo terminar a história, muitas vezes completando a frase dos outros, estamos interferindo no processo e prejulgando o conteúdo. Frases do tipo: "Já sei o que você vai dizer" ou "Nem precisa me dizer mais nada" caracterizam essa tentativa de usar a cognição e a consciência de forma equivocada. Quando fazemos isso, estamos quase em um mundo paralelo, diferente da narrativa que o outro está fazendo; estamos, na verdade, recriando o final da história dentro de nossa mente e prejulgando o significado do que estão tentando nos dizer.

Assim, a melhor forma de ouvir bem os outros é prestar grande atenção ao que está sendo dito, absorver o conteúdo sem ficar imaginando desfechos, associações ou consequências. Essa forma de ouvir favorece o trabalho de áreas mais inconscientes do cérebro, como o giro cingulado, uma região entre o límbico e o neocórtex muito ativa nos processos de evocação de memórias e aprendizado. Em lugar de prejulgar, isto é, completar o que ouvimos segundo nossa própria lógica, expectativas e valores, o ouvir cognitivamente passivo favorece as associações profundas do giro cingulado. Essa área também está associada ao insight, ou seja, à compreensão súbita de uma lógica ou de uma associação causal. Isso significa que aquele que sabe ouvir também sabe compreender melhor e sabe ir além por meio do insight – às vezes, de modo ainda melhor do que aquele que está falando.

## dicas

*O saber ouvir envolve um grande esforço de autoconhecimento. A dica, então, é observar nossos processos mentais, procurando identificar quantas vezes, ao ouvir uma narrativa, tentamos involuntariamente adivinhar o final da história. Quando compreendemos isso e notamos como é frequente essa verdadeira mania, passamos a nos esforçar conscientemente no sentido de evitar esse gatilho mental do famoso "Já sei o que você vai dizer". É como notar um vício de comunicação ou cacoete. Quando nos vemos filmados e observamos, por exemplo, que empregamos o famoso "né" milhares de vezes, passamos a nos concentrar para evitá-lo. Depois de algum tempo, o vício desaparece. Então, para saber ouvir, é preciso observar com atenção nossos prejulgamentos e tentar evitá-los. Com o tempo, vamos notar que a compreensão do conteúdo das coisas que ouvimos melhora incrivelmente.*

capítulo 9

# a competência do século XXI

Nada traduz tanto a dimensão de uma tragédia do que um rosto humano contorcido pelo sofrimento, daqueles que poderiam ter saído de um filme. O que mais me lembro é do rosto de um soldado da Guatemala, com fuzil na mão, diante de uma multidão que o ameaçava e aos prantos por causa da certeza de que, para salvar a própria vida, talvez tivesse que matar pela primeira vez.

O ano era 2006 e eu tinha sido escolhido para cobrir as eleições presidenciais no Haiti, o país mais pobre da América Latina. Se você acha que já viu ou viveu a pobreza, esqueça! Nunca vi nada parecido com a pobreza do Haiti. As pessoas comiam uns "biscoitos" feitos de barro. Isso mesmo! Pegavam montinhos de barro, amassavam até ficar no formato de um grande biscoito (mais ou menos como um típico *cookie* americano) e deixavam secar ao sol inclemente do país. Quando ficava seco, comiam esse biscoito só para enganar a fome. Obviamente, não tinham valor nutritivo e, como alertou um médico do Exército brasileiro quando sugeri a possibilidade de provar um deles, poderiam provocar doenças sérias e até matar.

O Haiti estava um caos na véspera das eleições, ainda mais depois que houve dúvidas em relação ao resultado. A Força de Paz da ONU, comandada pelo Brasil, tinha grande dificuldade em controlar a revolta nas ruas e ainda distribuir remédios e comida para aquela população faminta.

Certo dia, eu e o cinegrafista Sherman Costa acordamos de manhã com um cheiro forte de fumaça. Fomos para a portaria do hotel e verificamos que estávamos cercados. Manifestantes haviam botado fogo em pneus e carros em todas as ruas e avenidas de acesso ao hotel. As fogueiras eram enormes. Não havia como sair e temiamos que o fogo avançasse e chegasse até o hotel. Ali também estavam hospedados alguns oficiais do Exército, que acionaram o quartel-general. Pouco tempo depois, vimos carros blindados passando pelo meio do fogo para resgatar os hóspedes. Todos entraram correndo e conseguimos passar pelas fogueiras sacolejando dentro dos carros militares.

Ficamos no QG do Exército por algumas horas. Os militares e o bom senso recomendavam que não saíssemos à rua, mas só a aventura de sair do hotel já tinha rendido boas imagens para a nossa reportagem do dia. Quando chegaram notícias de que a situação estava mais calma, decidimos sair – com toda a cautela possível – para fazer imagens dos estragos. Tínhamos contratado um motorista haitiano, que nos levava pela capital, Porto Príncipe.

Andamos por algumas ruas até ver alguns carros destruídos com restos de chamas. Não havia ninguém por perto, por isso, decidimos descer, fazer rapidamente as imagens e ir embora. Porém, alguns segundos depois, umas duas dezenas de homens armados com pedaços de pau e barras de ferro – saídos não sabemos de onde – nos cercaram e começaram a gritar em créole, uma derivação do francês, a língua oficial do Haiti. Enquanto se aproximavam, vimos nosso motorista vir correndo em nossa direção aos berros de "Brèsil, Brèsil", Brasil em francês.

Os homens imediatamente baixaram os porretes e as barras de ferro, abriram sorrisos, começaram a dar tapinhas nas nossas costas e a dizer palavras, desta vez, totalmente compreensíveis: "Ronaldo, Romário, Bebeto". Nunca tive a chance de agradecer aos nossos craques da seleção por serem nossos melhores embaixadores e terem salvado nossa vida naquele dia.

Os manifestantes ficaram tão felizes em saber que éramos brasileiros, que se ofereceram para dar entrevistas explicando o motivo da revolta e também para botar fogo em outros carros que estavam por perto, já que, por causa do tempo perdido com a confusão toda, as chamas dos veículos que iríamos filmar tinham se apagado completamente. Agradeci, mas disse que as entrevistas seriam suficientes.

A partir daquele dia, botamos enormes cartazes no carro, fitas adesivas nas roupas e na câmera onde escrevemos a palavra mágica "Brèsil", que iria abrir portas e sorrisos durante todo o resto daquela cobertura.

As coisas efetivamente pareciam ter se acalmado no Haiti nos dias seguintes. As ruas foram razoavelmente limpas e pudemos voltar para o hotel. Já planejávamos a volta para Nova York, onde eu e Sherman estávamos baseados, quando o nosso motorista nos telefonou. O hotel Montana – na época, o melhor de Porto Príncipe, e onde ficavam hospedados os comandantes da Força de Paz, além de diplomatas e empresários – estava cercado por uma multidão raivosa.

Quando chegamos lá, a multidão era muito maior do que imaginávamos e não parava de crescer. A palavra "Brèsil" fez sua mágica e conseguimos passar pelos manifestantes, que até se espremiam um pouco mais para nos abrir caminho. A rua de acesso ao hotel estava fechada por uma guarnição da Guatemala, soldados baixinhos, magrinhos e muito jovens. Um deles era tão magro que o capacete balançava na cabeça de tão folgado e o uniforme parecia ser dois números maior do que ele. Ele segurava um fuzil em direção à multidão, que estava a uns 2 m de distância. Por alguns instantes ficamos no meio daquela terra de ninguém entre soldados armados com fuzis e civis carregando pedras e porretes. Tínhamos pressa para sair dali, mas, naqueles poucos segundos, Sherman apontou a câmera para o rosto do soldado. Só depois, já na segurança do hotel, revisamos as imagens e ficamos estáticos diante do significado daquela cena.

O soldado tinha os dentes trincados. Dos olhos, escorriam lágrimas. As narinas se abriam e fechavam com força. Ele estava em pânico. Não precisava dizer nada para contar a sua história. Era um menino que, provavelmente, só tinha disparado contra alvos de madeira ou papelão durante o treinamento. Foi preparado para enfrentar inimigos que ameaçassem a sua pátria. Ali, estava longe de casa, diante de um inimigo que tinha um rosto diferente do que ele havia imaginado: homens, mulheres e crianças, um bando de desesperados e famintos que, mesmo assim, poderiam tirar a vida dele. Algum tempo depois, chegou um grupo grande de soldados, o que intimidou a multidão e demoveu o grupo da intenção de invadir o hotel.

Empatia é basicamente a capacidade de sentir a dor dos outros. É uma qualidade que psicopatas e assassinos em série não têm. Aquele soldado da Guatemala chorava, porque sentia a dor das pessoas que estavam na frente dele e talvez ele tivesse que matar aquelas pessoas. E nós, na imagem gravada pelo Sherman, conseguíamos ver a dor dele por causa desse dilema.

Criar empatia é talvez o grande segredo da comunicação. Entender os problemas, as dores e todos os outros sentimentos do nosso interlocutor é o primeiro passo para que essa ligação entre dois cérebros se estabeleça.

Nós, jornalistas, estamos sempre à procura de histórias de seres humanos – ou de bichos – para ilustrar nossas reportagens. Números, dados históricos, teorias… tudo isso pode ser muito importante, mas não tem valor nenhum se o interlocutor não perceber que aquilo tem importância para ele. E ele percebe aquilo quando contamos histórias de outros seres humanos, nós mesmos, conhecidos, famosos, anônimos. Empatia é a essência da comunicação porque é a essência da nossa humanidade.

Felizmente, o nosso soldado da Guatemala não teve que apertar o gatilho, mas vejo aquele rosto claramente até hoje na minha memória, porque, nele, foi possível ver toda a dor que passava naquela alma.

# empatia:
# a competência do século XXI

Você já reparou como tem escutado a palavra empatia? Há um movimento, descrito por vários pesquisadores, de mudança sensível do nosso foco de atenção em relação ao século passado. Vivemos uma fase anterior de grande busca pelo autoconhecimento. No século XX, as pessoas se isolavam, percorriam trilhas, escalavam montanhas, com a intenção de se conhecerem melhor. Estávamos na Era da Introspecção, quando a autoajuda e a cultura da terapia nos encorajaram a acreditar que o melhor jeito de entender quem nós somos e como devemos viver era olhando para dentro de nós mesmos. Mas isso nos deixou focados demais em nossos próprios umbigos, e não nos ajudou. O século XXI já se tornou a Era da Empatia. Descobriremos a nós mesmos não simplesmente por meio da autorreflexão, mas desenvolvendo interesse genuíno pelas vidas dos outros, pelos relacionamentos humanos. O século XXI nos estimula, então, a buscarmos o outro, o contato com o outro, a empatia. E que instrumento fantástico de comunicação essa competência nos traz!

Empatia é a capacidade de se colocar no lugar de outra pessoa, buscando entender os sentimentos e perspectivas dela, e usar esse conhecimento para guiar nossas ações. É bem diferente de bondade ou de ter pena. Cuidado também com o senso comum: "faça aos outros o que gostaria que fizessem a você". George Bernard Shaw, romancista e jornalista irlandês, tem entre suas citações: "Não faça aos outros o que gostaria que fizessem com você – eles podem ter gostos diferentes". Empatia é justamente descobrir quais são esses gostos e basear-se neles para guiar as suas ações com o outro.

Pesquisas recentes mostram que uma impressão antiga, a de que nascemos seres egoístas, caiu por terra. Somos animais empáticos! A observação de bebês e crianças evidencia esse comportamento. Já observou crianças maiores

cuidando de menores? É lindo de ver! Frans de Waal é um biólogo evolucionista. Ele afirma que somos animais sociais, e que naturalmente evoluímos para cuidarmos uns dos outros. Segundo o neurocientista americano David Rock, somos seres sociais, e nosso cérebro é preparado para criar conexões com as pessoas. Faz parte da nossa sobrevivência atuarmos em grupos e nos protegermos!

O conceito de empatia, porém, vai muito além de qualquer definição simplista. Segundo Paul Ekman, grande estudioso das emoções, há três tipos de empatia, de acordo com a forma como nós percebemos os sentimentos das pessoas. A mais primitiva é a empatia emocional, ou contágio emocional, devido à qual tendemos a sentir o que o outro sente, como um espelho. Já viu o que acontece quando um bebê começa a chorar? Se houver outros por perto, logo se inicia uma grande sinfonia! Trata-se de uma resposta límbica, absolutamente intuitiva. O segundo tipo é a empatia compassiva, ou a preocupação empática. Nesta forma, somos levados à ação e partimos para a ajuda ao outro, na prática. Claro que são formas que nos levam à solidariedade, ao contato harmônico com o outro. Porém, temos que estar atentos para não nos desgastarmos sem ajudar efetivamente. Já a empatia cognitiva é aquela que simplesmente nos ajuda a entender, de modo assertivo, a forma de pensar de uma pessoa, a perspectiva do outro, permitindo a ajuda sem nos desgastarmos inutilmente, favorecendo a manutenção da nossa essência e do nosso estado inicial, de forma resiliente. Este tipo é o mais sofisticado, é o que deve ser buscado ativamente, treinado mesmo, quando nos propomos a atuar profissionalmente em relação de ajuda ou nas nossas relações de trabalho com objetivos em comum.

Quando contemplamos esses conceitos, fica fácil imaginar como a empatia é relevante em todas as situações de comunicação. Desenvolver essa competência nos coloca em grande vantagem para estabelecermos relações saudáveis, com alto potencial de entendimento e harmonia. A boa notícia é que empatia pode se desenvolver e ser aprimorada! Podemos favorecer seu crescimento ao longo de nossas vidas e podemos usá-la como uma força poderosa de transformação social, melhorando sensivelmente os nossos diálogos e interações.

Roman Krznaric é um filósofo australiano, membro fundador da School of Life e autor do livro *Empathy — A Handbook for Revolution*. Ele nos guia nesse objetivo de desenvolvermos a empatia descrevendo os seis hábitos das pessoas altamente empáticas:

- **Hábito 1: Cultive a curiosidade –** Revele interesse genuíno em conhecer estranhos. Na nossa rotina, sempre cruzamos com pessoas diferentes, que muitas vezes evitamos. Vale o esforço e a coragem de nos aproximarmos e conhecermos o outro. A curiosidade expande nossa empatia quando conversamos com pessoas de fora do nosso círculo social habitual, já que nos deparamos com vidas e perspectivas de mundo muito diferentes das nossas. Abra-se para ouvir com atenção, saia do círculo fechado de seus conceitos e ouça de cabeça aberta, com o "cérebro poroso" que o psicanalista Flávio Gikovate nos incita a desenvolver.

- **Hábito 2: Desafie seus preconceitos e busque os pontos em comum –** Atuamos no nosso dia a dia a partir de vieses, que tendem a nos afastar de pessoas diferentes de nós, nos fazer evitar o contato. Perdemos muito com isso! Tudo depende da forma como percebemos o outro. Assim, vale a pena buscar os pontos em comum. Nas relações de trabalho, o objetivo em comum de cada profissional já é um baita de um início!

- **Hábito 3: Experimente a vida de outra pessoa –** Experiências reais mudam a nossa perspectiva e geram aproximação. Esse exercício pode ser prático, buscando-se efetivamente frequentar ambientes em comum ou viver alguma situação específica ou reflexiva, quando imaginamos a experiência do ponto de vista do outro.

- **Hábito 4: Ouça de modo ativo –** Pessoas empáticas têm duas características necessárias a uma boa conversa. A primeira é ouvir com a disposição clara de entender. "O essencial", afirma Marshall Rosenberg, psicólogo e criador do conceito de Comunicação Não Violenta (CNV), "é nossa habilidade de estar presente para o que realmente está acontecendo ali dentro – para aqueles sentimentos e necessidades que só aquela pessoa está vivenciando naquele exato momento". Mas não basta ouvir. A segunda característica é expor nossa própria vulnerabilidade. Remover nossas máscaras e revelar nossos sentimentos a alguém é vital para que seja criado um forte vínculo empático. Empatia é uma via de mão dupla que, na sua forma mais elevada, é construída sobre o entendimento

mútuo – uma troca em que compartilhamos nossas crenças e experiências mais importantes.

- **Hábito 5: Inspire ações de grande escala e de transformação social -** Vale a pena ampliar o espectro da nossa empatia para atingir as massas, para ações que impactam grandes grupos de pessoas. Apoiar ações sociais, buscar participar de movimentos em prol de minorias, de necessitados, ensinar as crianças e usar as redes sociais com objetivo altruísta são exemplos desse exercício.

- **Hábito 6: Desenvolva imaginação mais ampla -** Nosso conceito mais comum de empatia envolve as pessoas mais necessitadas. Temos que ampliar a nossa atuação para aqueles que pensam muito diferente de nós, que agem diferente, que são diferentes! O outro não é melhor nem pior do que nós, é apenas diferente, e assim nos tira da nossa zona de segurança. Vale a pena nos abrirmos para essa interação. Nós só temos a ganhar!

Como você viu, trata-se de um caminho a percorrer perfeitamente possível e de grande impacto. Trata-se de nos aprimorarmos, de evoluirmos como seres humanos. Que a nossa busca nos permita desenvolver uma comunicação plena, tendo como resultado efetivo o "tornar comum" que a define.

# neurônio espelho

Quem nunca foi contagiado por um bocejo? Ou quem nunca se viu imitando o sotaque de alguém meio sem querer? Essa contaminação estranha ocorre no mundo todo nos mais diferentes contextos e nas mais variadas culturas. E por uma boa razão: trata-se de um processo neuronal chamado (meio erradamente) de neurônio espelho.

Nosso cérebro utiliza o próprio corpo como um simulador. Ele nos faz reproduzir gestos, posturas ou mesmo pronúncias que notamos nos outros como uma forma de simular tudo isso. O objetivo, supostamente, é favorecer a empatia, ou seja, nossa capacidade de nos colocar no lugar do outro e compreender o que está se passando com ele ou ela.

Do ponto de vista evolutivo, o neurônio espelho é de grande importância para o aprendizado. Filhotes imitam mecanicamente gestos e posturas dos pais, inclusive no ato de brincar, simulando atitudes adultas com seus próprios corpos. Mas, do ponto de vista da comunicação, se de um lado a empatia é fundamental, de outro, o neurônio espelho pode ser uma grande armadilha.

Imagine um entrevistador brasileiro diante de um entrevistado português. Ou um repórter de origem gaúcha entrevistando uma pessoa nas ruas de Salvador. Instintivamente, o entrevistador pode passar a imitar o sotaque do entrevistado. Será que ele vai se sentir incomodado? Mas isso pode ser ainda pior: imagine um entrevistado gago! Se o entrevistador não estiver muito atento, também poderá gaguejar... Ainda que a lógica do neurônio espelho esteja associada à empatia, portanto à busca de compreender melhor o que se passa com o entrevistado, gaguejar junto com ele seria mais do que uma simples gafe.

A boa notícia é que é totalmente possível se descondicionar e reduzir os níveis de atuação desse mecanismo cerebral. Cirurgiões, por exemplo, conseguem modular seus níveis de empatia quando usam o bisturi e abrem o peito de um paciente cardíaco. Eles simplesmente aprendem a não se identificar exageradamente com seus pacientes. Ainda assim, sabe-se que é altamente recomendável que esses profissionais não operem pessoas próximas ou familiares, pois mesmo esse autocontrole empático tem seus limites.

Como tudo na vida, portanto, a empatia no processo de comunicação tem sua dose certa.

capítulo 10

# Pirâmide da comunicação

Eu estava animadão falando para uma sala lotada de médicos sobre a importância de adotar uma linguagem compreensível para o público, que seja mais popular, menos empolada, como nós jornalistas fazemos nas nossas matérias. Mas eu percebia que algo incomodava a minha plateia. Alguns se remexiam nas cadeiras. Ouvi alguns cochichos e vi algumas testas franzidas. O que estaria errado?

Para enfatizar meu ponto de vista, contei a história de um dentista que entrevistei certa vez. Antes de começarmos a gravar, durante mais ou menos meia hora, ele me deu a melhor aula do Universo sobre cáries e tratamento dentário. Explicou os tratamentos mais complexos de forma que qualquer leigo, de qualquer nível cultural, entenderia facilmente. E, sim, do jeito que ele explicava, a evolução da cárie num dente se tornava uma história cativante. Genial! Foi só ligar a câmera e começar a entrevista e... tudo mudou. O que era fácil de entender virou algo complexo. As palavras simples, as metáforas, o encadeamento lógico de ideias... tudo isso virou uma chatice. Perguntei para o dentista por que ele estava falando daquele jeito, por que não poderia gravar usando a mesma linguagem que tinha usado na explicação anterior? Ele respondeu que, antes, estava falando comigo como fala com os pacientes; agora, estava falando para um público, que incluía seus pares, outros dentistas. Disse que precisava impressioná-los. "O que eles pensariam de mim se me vissem na TV falando de um jeito popular?", me perguntou. Não teve jeito. Por mais que eu argumentasse, que dissesse que nas matérias para a TV precisamos falar numa linguagem compreensível para o grande público, ele não se dobrou. Por pura vaidade do meu entrevistado, a matéria com o melhor dentista com quem já conversei jamais foi ao ar.

Expliquei ao grupo de médicos que, nas matérias, devemos evitar os jargões profissionais. Muito tempo depois, quando comecei a me interessar por neurociência, me dei conta de que o jargão profissional é uma zona de conforto que buscamos quando estamos sob ameaça (correr ou atacar, lembra?). É aquele caminho sedimentado no nosso cérebro onde nos sentimos em casa, seguros e confortáveis. Na hora do pânico, diante de uma plateia, numa reunião ou na frente de uma câmera, as palavras simples e didáticas desaparecem do nosso cérebro. Voltamos ao caminho tantas vezes trilhado, que usamos sem pensar. Pensar cansa, e buscar metáforas, palavras fáceis – mas pouco usadas – para explicar o que fazemos e o que sabemos dá trabalho. O nosso cérebro preguiçoso tende a buscar aqueles termos que usamos diariamente com nossos colegas e vêm facilmente à nossa mente, sem esforço ou gasto de energia. Por isso, recorremos ao chavão quando a coisa aperta ou quando deixamos o cérebro descansar.

Então, um deles teve coragem, levantou a mão e expressou o que estava incomodando tanto. "Faz uma meia hora que você vem falando de matérias, matérias, matérias... O que é uma matéria?"

Hoje em dia, o termo "matéria", no sentido de "reportagem de TV", já é bem conhecido. Apresentadores e repórteres passaram a usar a expressão nos telejornais, mas essa palestra foi há uns vinte anos e, naquela época, ninguém usava essa expressão, a não ser o pessoal da imprensa.

Eu estava me contradizendo em público. Estava usando um chavão profissional diante de uma plateia altamente especializada em medicina, mas leiga nas entranhas do jornalismo.

No fim das contas, o meu erro naquele dia foi a melhor ilustração que eu poderia dar para o meu ponto de vista, de que é preciso evitar chavões, e para mostrar que qualquer um está sujeito a esse erro.

A busca do jargão, das palavras rebuscadas ou incompreensíveis para o interlocutor é, possivelmente, a maior barreira da comunicação. Uma pessoa fala, fala, fala... e a outra não entende nada. Muitas vezes, esse linguajar inacessível nasce por vaidade mesmo ou pelo desejo de manter o status, como guardião de conhecimentos que não devem ser divididos com reles mortais.

Há, porém, outro fator. É a chamada "Maldição do Conhecimento". A expressão foi cunhada em 1989 pelos economistas americanos Colin Camerer e George Loewenstein e pelo alemão Martin Weber num artigo no *Journal of Political Economy*. Eles analisavam um conceito econômico chamado "assimetria de informação", que, numa tradução do economês para o português, significa a vantagem que uma pessoa (ou empresa) leva sobre outra numa negociação pelo fato de ter mais informações. Funciona assim: se alguém vender para você um carro que já foi batido, mas você não souber disso, vai pagar um preço mais alto do que o veículo realmente vale por não ter a informação de que ele sofreu um acidente. Mas esses economistas mostraram (e depois pesquisas conduzidas pela professora Elizabeth Newton na universidade americana de Stanford comprovaram) que ter informações demais pode atrapalhar.

Vamos a um exemplo: dois vendedores de carro. Um sabe todos os detalhes do veículo que está vendendo, até o tamanho dos parafusos. O outro sabe apenas que é um carro confortável e econômico. Na hora da venda, o que sabe demais pode aborrecer o comprador com detalhes irrelevantes ou descrever coisas que ele não quer saber ou não entende. O vendedor que sabe menos consegue ter uma comunicação mais eficiente, respondendo exatamente o que o comprador quer saber porque está só um pouquinho acima do nível de conhecimento dele. E se não souber responder algo – e for minimamente esperto – pode dizer: "Espera aí, vamos descobrir isso juntos".

A partir do momento em que aprendemos algo, subimos um degrau na escada do conhecimento. E se for um assunto pelo qual nos apaixonamos, subimos vários degraus em pouco tempo. Aí mora o perigo. Pesquisadores descobriram que ocorre um fenômeno no nosso cérebro. A cada degrau que subimos na escada do conhecimento, esquecemos como era não saber aquilo. Nós nos lembramos da época em que não sabíamos, mas não como era não saber. Pais enfrentam esse problema o tempo todo. Todos, quase sem exceção, enfrentam problemas de comunicação – maiores ou menores – com crianças e adolescentes. Dizemos uma coisa, eles fazem outra. E muitas vezes o diálogo é rompido. Crises familiares ocorrem, na maioria das vezes, por falhas de comunicação.

Então, como a gente resolve? Antônio Suarez Abreu, em *A arte de argumentar*, propõe uma imagem esclarecedora: "Informações são tijolos e o conhecimento é o edifício que construímos com ele". E ele complementa: "Somos nós que temos que nos adaptar às condições intelectuais e sociais daqueles que nos ouvem, e não o contrário. Temos de ter um especial cuidado para não usar termos de informática para quem não é da área de informática ou engenharia para quem não é de engenharia, e assim por diante".

Chris Anderson, curador das TEDs, vai pelo mesmo caminho. Ele disse: "A linguagem só produz sua magia quando partilhada entre falante e ouvinte. E essa é a chave para que se realize o milagre de recriar sua ideia no cérebro de outras pessoas. Você só pode usar as ferramentas a que sua plateia tem acesso. Se usar apenas sua linguagem, seus conceitos, seus pressupostos e seus valores, não terá sucesso. Então, em vez disso, utilize os deles. Só a partir dessa base comum os ouvintes podem começar a construir a sua ideia na mente deles".

A receita para estabelecer essa ponte é imaginar a comunicação como uma pirâmide em construção. Quando falamos para uma pessoa ou um grupo, temos que tentar identificar em que estágio da construção eles estão e começar a construção do conhecimento a partir desse ponto. Quando falamos para um grupo, é um pouco mais complexo, porque há diferentes níveis de compreensão. Mas não é impossível.

Muitos professores, principalmente de cursinhos pré-vestibular, parecem ter um talento natural para isso, mas não é natural. Eles aprenderam em treinamentos ou a duras penas. Eles precisam conquistar a audiência ou não sobrevivem numa sala lotada de adolescentes. Como diz um velho ditado, a necessidade é a mãe da sabedoria, e eles têm que se adaptar ao seu público.

Para conseguir fazer isso, vamos entrar em detalhes mais adiante, mas já fica aqui um passo a passo precioso:

1. **Escreva** – O nosso pensamento tende a divagar, misturar coisas, ir do passado para o futuro sem nunca se fixar no presente. Como disse Yuval Noah Harari, em *Sapiens: uma breve história da humanidade*, a nossa espécie deu um salto quando começou a escrever. Nas palavras dele, passou a pensar fora do cérebro: "Entre os anos 3500 e 3000 a.C., alguns gênios sumérios desconhecidos inventaram um sistema para armazenar e processar informações fora do cérebro concebido especialmente para lidar com grandes quantidades de dados matemáticos. Com isso, os sumérios libertaram sua ordem social das limitações do cérebro humano, abrindo caminho para o surgimento de cidades, reinos e impérios. O sistema de processamento de dados inventado pelos sumérios é chamado 'escrita'". Escrever é um exercício para fixar na nossa cabeça a melhor forma de contar aquilo que queremos contar. É como malhar na academia. É chato,

# 140 • seja inesquecível

às vezes, mas necessário e, pode ter certeza, você ficará mais animado quando os resultados aparecerem, quando se der conta de que estará explicando o que você quer dizer de um jeito encantador. O papel ajuda a organizar o pensamento.

2. **Mentalize a sua explicação –** Feche os olhos e se imagine dando aquela palestra ou entrevista. Antes de falar em público, gosto de me imaginar numa sala de aula, explicando o assunto para um grupo de adolescentes. Faço isso há tanto tempo que consigo enxergar a cara de tédio e de dúvida deles quando estou sendo pouco claro ou tedioso. E adapto o discurso a essa plateia imaginária.

3. **Fale para alguém –** Pode ser sua esposa/seu marido, namorado/namorada, filhos, amigos que tenham paciência para ouvi-lo. Cuide para que seja alguém que não entenda muito do assunto sobre o qual você vai falar. Mesmo que, depois, a sua plateia real seja formada por um público mais especializado. Não faz mal. É mais difícil explicar para alguém que não entende nada do que para um especialista como você. Ou seja, nesse caso, o treinamento será muito mais duro do que a situação real, o que vai deixá-lo mais preparado e tranquilo. Ao treinar com esse público caseiro, você vai ver – literalmente – na cara deles se o seu papo é interessante, elucidativo. Se a pessoa começar a revirar os olhos, se reclinar para trás... é hora de voltar algumas casinhas no jogo e recomeçar o treinamento.

Dá trabalho. Ninguém falou que seria fácil estabelecer essa ponte que faz cérebros se abrirem durante a transmissão de informações, os tijolos que vão construir o conhecimento. Mas há armas que funcionam para qualquer audiência. Ninguém resiste a uma boa história e uma boa imagem. Imagine-se num auditório, recebendo um prêmio pelo seu trabalho, descrevendo o que você faz para uma plateia de boca aberta.

O físico alemão Albert Einstein resumiu numa frase tudo o que escrevi neste capítulo: "Se você não consegue explicar algo de modo simples, é porque não entendeu bem a coisa".

# Barreiras Verbais

Comunicar é tornar comum. Uma ideia, um pensamento, uma intenção, uma mensagem. A ideia de tornar comum pressupõe dedicação, boa vontade da parte de quem fala, que deve se dedicar a conhecer bem o outro, saber de suas necessidades e de seu modo de ser e entender. É maravilhoso quando atingimos o objetivo de transmitir bem a nossa mensagem. A compreensão plena estabelece vínculos, provoca a reação que esperamos, gera harmonia. E, consequentemente, nos faz mais felizes!

Ao contrário, quando geramos mal-entendidos, as consequências tendem a ser complicadas. Construímos percepção negativa, prejudicamos relacionamentos, criamos dificuldades, às vezes, intransponíveis.

Barreiras verbais são expressões que impactam negativamente a nossa fala, que impedem ou dificultam a recepção correta da mensagem. Elas podem ser de vários tipos, e é muito bom ficarmos atentos para evitar esse tipo de ruído em nossa comunicação.

Olha só: às vezes, usamos palavras repetidas, como muletas, que acabam chamando mais a atenção do que o conteúdo que queremos transmitir. Sabe aquele professor que fala "Né? Sabe? Entende? Percebe? Tá?" no final de cada frase? Os alunos acabam marcando quantas vezes ele repetiu a palavra e nem se dão conta da informação!

Também tem aqueles que resolvem preencher os momentos de organização das ideias com vogais prolongadas, como "é…, ahnn…". Esse tipo de barreira constrói percepção de hesitação, de falta de fluência! Vale a pena valorizar as pausas, usá-las a seu favor para buscar a melhor palavra, para organizar seu pensamento e para permitir a interação do outro. O estudo *Pausas preenchidas e domínios prosódicos* considerou as pausas naturais da fala de um sujeito e as ocupou, por meio de um programa de computação, com a emissão de vogais (é…, i…). Os ouvintes perceberam as pausas preenchidas como bem maiores que as silenciosas, resultado de

uma ilusão de ótica! Essa percepção passa a ideia de hesitação. Assim, fique atento e assuma seus silêncios! Bem utilizados, eles farão com que você seja percebido como reflexivo, o que é positivo.

Às vezes, a pessoa utiliza expressões que podem revelar preconceitos, generalizações e ofender o interlocutor ou suas crenças. São exemplos desse tipo de barreira: "mulherada, judeuzada, gringo, turco, baianada, caipira, comunista, gordo...".

Algumas expressões podem gerar dúvidas quanto à inteligência do interlocutor: "Está me compreendendo? Está acompanhando o raciocínio? Está claro?". Lógico que isso desmotiva e incomoda o outro!

Tem palavras também que parecem querer transmitir uma intimidade irreal – "querida, fofa, amigão, meu amor" –, fora de contexto. Também incomodam palavras sérias ditas em tom jocoso, gozador: "mestre, poeta, chefinho, doutor, comandante, professor".

Há expressões também que diminuem o valor do que dizemos: "Eu acho" revela incerteza, dúvida sobre o que vamos dizer, gerando desconfiança no interlocutor. Dizer "Vou falar um pouco", "Vou mostrar um pouquinho" revela que o que virá é de pouca importância, de pouco valor, e isso faz com que o nosso interlocutor se "desligue" do que vamos dizer. Evite também palavras imprecisas, como "parece", "talvez", "pode ser". O uso de diminutivos infantiliza a nossa fala, remete a algo imaturo, pouco profissional. Em vez disso, reforce a importância e o valor de sua comunicação. Use "quero destacar", "é importante chamar a atenção para...". Substitua algumas expressões que geram menos identificação como "problema" por "desafio", "difícil" por "desafiador", "básico" por "essencial".

Finalmente, há as palavras e expressões da "moda", que de tão exaustivamente repetidas dão a impressão de falta de repertório. Nessa linha, já tivemos vários momentos marcantes: "a nível de, na verdade, com certeza, enfim, então, olha, via de regra, veja bem, agregar, tipo...", além do gerundismo exagerado. A lista é imensa! E a mais nova de todas: "empoderamento".

Bem, agora que você já conhece essa história, preste atenção na fala das pessoas ao seu redor. E, principalmente, cuide da sua! Nada mais interessante do que construirmos uma impressão positiva a partir de nossa boa comunicação.

# Heurísticas:
## use com moderação

**J**á sabemos que o cérebro é um órgão energeticamente caro, muito embora não execute atividades mecânicas como o estômago ou os pulmões. Seu consumo de energia se deve exclusivamente ao processamento de informações e à emissão de comandos. E isso se dá em diversos níveis, alguns mais automáticos, outros bem mais complexos e cognitivos. A visão é um bom exemplo. Receber as informações visuais captadas pelos olhos e transformar esses impulsos neuroelétricos vindos do exterior em padrões propriamente cerebrais são uma parte do processo. Decodificar esses padrões, dar a eles significado, associá-los ou não a todo um imenso conjunto de memórias: essa é a parte final da percepção e da compreensão visuais. E é exatamente essa etapa final a mais complexa e a mais cara energeticamente.

Não é por outro motivo que mesmo a atribuição de significado às informações sensoriais é parcialmente automatizada no cérebro. Usamos atalhos mentais que classificam rapidamente essas informações, em geral, com base em nossa memória, inclusive a genética. Esses atalhos mentais, esses julgamentos rápidos, recebem o nome genérico de heurísticas. Para testar a força desse mecanismo, tente não completar mentalmente a frase a seguir: "Mais vale um pássaro na mão…"; ou essa outra: "Água mole em pedra dura…". Observe como o cérebro responde a uma pergunta que sequer foi formulada. Ao contrário, foi solicitado que você não completasse a frase.

Baseadas em experiências e memórias, as heurísticas automatizam a atribuição de significado, poupando trabalho às áreas cognitivas do cérebro. Isso é bom, mas elas também podem ajudar a compreender comportamentos preconceituosos. Assim, um homem sexista, ao ver uma mulher ao volante, talvez a imagine fazendo barbeiragens e mantenha seu próprio carro mais distante. Mas,

## 144 • seja inesquecível

as heurísticas não são apenas prejulgamentos, bons ou maus; elas também funcionam de dentro para fora, condicionando nossas formas de expressão.

Imagine uma pessoa hipotética nascida no interior do Rio Grande do Sul com seu típico sotaque "colonial". Imagine que essa pessoa se tornou um comunicador na TV e, após algum treinamento, praticamente eliminou seu sotaque, passando a utilizar um padrão bem mais neutro de expressão vocal. Agora, suponha que essa pessoa receba um telefonema de uma tia muito querida, lá dos Pampas. Há uma chance séria de esse nosso personagem voltar a falar com sotaque durante a chamada de forma mais ou menos inconsciente. Mas por quê? Nesse caso, não se trata mais do neurônio espelho, uma simulação corporal de um comportamento para compreendê-lo melhor, mas da evocação de velhas lembranças.

Geralmente, as heurísticas são não apenas automáticas, mas também relativamente inconscientes. E, como são formadas a partir da experiência e das memórias profundas, costumam ser resgatadas com facilidade e de modo espontâneo. Afinal, memórias profundas envolvem muitas áreas do sistema límbico, parte do sistema 1 de Kahneman, o cérebro que "pensa rápido" e com baixo consumo de energia. Assim, ao evocar a imagem da tia querida, todo um conjunto de memórias afetivas também emergiu na mente consciente de nosso personagem e, junto com elas, veio a fala com sotaque "colonial".

O cuidado que se deve ter com as heurísticas não se limita a atitudes preconceituosas. Elas também podem nos fazer adotar atalhos mentais que se caracterizam por ser o caminho certo para o lugar errado. Imagine que aquele mesmo personagem imaginário estivesse fazendo uma cobertura a poucos quilômetros da cidade onde viveu muitos anos. O lugar irá evocar, novamente, todo um pacote de memórias afetivas, boas ou más. Se ele não tomar cuidado, acabará deixando de lado o padrão de fala mais neutro, retornando ao sotaque de infância na cobertura.

Por fim, as heurísticas nos fazem projetar cenários, como se o cérebro dissesse para si mesmo "eu já vi esse filme". Acontece quando associamos uma situação a experiências de sucesso ou fracasso, isto é, a vivências com maior conteúdo emocional e de memória. A presença de um chefe tirano nos faz não apenas evocar memórias de velhas broncas, como também imaginar que uma nova irá acontecer naquele mesmo dia. Esse fato está na base de certas crendices como sentar-se no mesmo lugar no estádio onde estávamos quando nosso time ganhou. Assistir ao jogo daquele exato lugar nos faz projetar a vitória de maneira espontânea e mais ou menos inconsciente.

## dicas

*O sistema 1 de Daniel Kahneman, o cérebro que "pensa rápido", precisa ser policiado. Se, de um lado, ele é um grande aliado que economiza capacidade cognitiva evocando memórias com facilidade, de outro ele também pode nos dar respostas que são tão rápidas quanto erradas. Sempre que estivermos diante de uma atitude do tipo "eu já vi esse filme e sei como termina", o melhor a fazer é respirar fundo e examinar com mais calma a situação.*

*Com isso, estaremos apelando para o sistema 2, nosso cérebro lento e cognitivo, que irá examinar a situação com mais critério, procurando separar o que é realmente conhecido do que pode ser potencialmente novo. Da mesma forma, profissionais de comunicação devem estar atentos a seus estados emocionais, praticando a senciência, tão destacada por estudiosos como António Damásio. As emoções, em geral, fazem emergir não apenas uma, mas todo um pacote de lembranças. E esse pacote irá condicionar nossa forma de agir e de nos expressar. Um profissional de comunicação diante das câmeras pode ter ensaiado mil vezes. Mas, se ele imaginar que uma pessoa querida estará vendo a matéria do outro lado, poderá se atrapalhar muito, misturando o comportamento esperado e ensaiado com aquilo que ele gostaria de transmitir para aquela pessoa específica, "como nos velhos tempos". Em resumo, vale o lema: heurísticas — use com moderação.*

capítulo 11

# O PODER DAS METÁFORAS E DAS ANALOGIAS

Karina, minha esposa, fez a pergunta mais comum para um paciente nas condições em que ela estava. E provavelmente a mais difícil para um médico responder.

— Doutor, eu vou morrer?

Felizmente, quem ouviu a pergunta não era apenas um bom e conceituado médico, mas alguém que, por intuição e experiência, também se tornou um excelente comunicador.

— Sim, você vai morrer. Mas bem velhinha… — disse o dr. Arthur Katz.

Eu estava ao lado da Karina na consulta e, ao ouvir aquilo, uma imagem se formou na minha cabeça: a minha esposa bem velhinha, usando uma bengala. Ninguém gosta de se imaginar na velhice, com rugas, corpo frágil, usando bengala, mas, diante da doença que ela estava enfrentando, a imagem era bem tranquilizadora. Karina tinha acabado de descobrir que tinha um tumor de 6 cm no seio esquerdo. Teria que fazer cirurgia, quimioterapia e radioterapia – o pacote completo.

Durante quase um ano, ela enfrentou um longo e doloroso tratamento. Perdeu o cabelo, sofreu dores terríveis e períodos de tremendo mal-estar. A imagem que o dr. Katz havia imprimido na nossa mente – a Karina bem velhinha, mas viva – nos animava a suportar tudo aquilo. Nos momentos mais duros, nos lembrávamos daquela resposta do médico. Ela carregava uma grande dose de esperança de que, no fim, aquele sofrimento valeria a pena.

O dr. Katz ri ao falar da sua capacidade de criar imagens que representam tudo o que ele quer dizer e fazem os pacientes compreenderem a doença, o tratamento e as suas chances de sobrevivência. "Minha filha vive dizendo que tenho um banco de metáforas", diz ele.

No caso da resposta para minha esposa, não foi bem uma metáfora, mas uma imagem que tem a mesma função das metáforas, comparações e analogias: possibilitar a compreensão de um conceito por alguém que não tem o mesmo nível de conhecimento ou capacidade de compreensão por estar emocionalmente abalado, como nós estávamos naquele dia.

Para explicar o poder das metáforas e analogias nada melhor do que usar... metáforas e analogias. Digamos que o conhecimento seja uma parede que tem que ser construída. Os tijolos são informações que damos para a pessoa que quer construir esse conhecimento. As figuras de linguagem, como metáforas, são pontes para transportar esses tijolos. Viu? Certamente, na sua cabeça, se formaram imagens de uma parede, de tijolos e de uma ponte. O que poderia levar páginas e páginas para ser explicado virou um parágrafo. E tenho certeza de que a mensagem ficou clara e interessante.

O dr. Katz se lembrou do caso de um agricultor muito simples e cujo conhecimento se resumia ao que precisava saber para trabalhar no campo. Ele tinha um câncer de medula e mal compreendia o que era uma medula, quanto mais a necessidade de retirá-la de dentro da coluna para depois ser colocada de novo.

"O câncer é como ervas daninhas que invadem a sua lavoura. A gente precisa retirá-las, limpar a terra. Depois, você vai jogar as sementes, para que elas germinem e cresçam. O tratamento é basicamente esse: nós vamos retirar a sua medula, vamos limpá-la das células cancerígenas, como se fossem ervas daninhas. Depois, uma parte da medula será colocada na sua coluna, como uma semente, e vai crescer como uma planta".

Ele entendeu perfeitamente e passou pelo tratamento sabendo exatamente o que o médico estava fazendo e a necessidade daqueles procedimentos dolorosos.

Esse caso é uma bela ilustração de como se constrói essa ponte. Para ser construída, ela tem que partir do nível de conhecimento do leitor, espectador ou paciente, sua escolaridade, sua origem, o trabalho que desenvolve, seus hábitos e hobbies. Cabe a quem está transmitindo a mensagem tentar identificar esse nível e começar a construir a ponte a partir desse ponto. É como uma ponte que precisa ser construída a partir do outro lado do rio e não do lado que a gente está. Isso exige um pouco de sensibilidade e experiência para ouvir e entender o interlocutor.

Como explicar, por exemplo, a um paciente que ele tem que fazer uma cirurgia ou um tratamento que põe a vida dele em risco ou que é extremamente penoso? Dr. Katz recorre à matemática e ao bom senso:

"Se você trabalha, digamos, no primeiro andar de um prédio e pular da janela, terá 1% de risco de morrer. Se alguém entrar na sua sala e disser que o elevador está quebrado, você pularia pela janela para sair do prédio? Claro que não, você desceria pela escada. Agora, se a pessoa disser que há um incêndio no térreo, não dá para passar por lá, você pularia pela janela? Claro que pularia. Diante do risco de 1% de morrer ao pular a janela e de 100% de morrer num incêndio, melhor pular. Assim são os tratamentos como quimioterapia ou radioterapia ou uma cirurgia grande. Ninguém faria, a não ser diante de um risco maior."

Por definição, metáfora é uma figura de linguagem que retira uma palavra do seu contexto convencional e a transporta para outro contexto. Segundo o dicionário Michaelis, "é uma figura de linguagem em que uma palavra que denota um tipo de objeto ou ação é usada em lugar de outra, de modo a sugerir uma semelhança ou analogia entre elas (por metáfora, se diz que uma pessoa bela e delicada é uma flor, que uma cor capaz de gerar impressões fortes é quente ou que algo capaz de abrir caminhos é a chave do problema)". Metáforas, comparações, analogias e parábolas têm conceitos levemente diferentes, mas a mesma função: estabelecer pontes de comunicação.

Usar metáforas futebolísticas ou ligadas ao esporte é perfeito para quem tem conhecimento dessas áreas. Todo mundo entende quando a gente diz que alguém deu uma bola fora. Metáforas culinárias ou médicas também são boas. O escritor e jornalista americano James Geary, que escreveu o livro *I is an Other: The Secret Life of Metaphor and How It Shaped The Way We See The World*, diz que falamos seis metáforas por minuto. Ele descreve como elas surgem: "É um pensamento antes de virar palavras". Ele também explica como essa "ponte" funciona: "Nós comparamos o que sabemos com o que não sabemos".

Em TV, usamos muitas metáforas. Certa vez, tivemos que explicar porque a Selic — a taxa básica de juros do Brasil, determinada pelo Comitê de Política Monetária do Banco Central — estava caindo, mas os juros estratosféricos cobrados pelos bancos não. A explicação técnica é que a Selic representa apenas uma pequena parte dos juros cobrados ao consumidor; a maior parte é formada pela proteção contra inadimplência, custos e lucro dos bancos e impostos e taxas cobrados pelo governo. Para deixar a mensagem clara, fomos a uma pizzaria. Mostramos que os juros são como uma pizza de queijo e presunto tamanho família: os bancos põem a massa, o molho de tomate, o queijo e o presunto. A taxa Selic é a azeitona. Se ela é colocada ali, faz diferença, mas não muita. Numa outra reportagem sobre o mesmo assunto fomos a uma feira e comparamos a taxa Selic a uma laranja, e os juros cobrados ao consumidor a uma melancia. Poucas vezes a discrepância entre a Selic e os juros ao consumidor ficou tão clara...

Para explicar inflação, basta dizer que ela é como a febre. Não é necessariamente a doença, embora febre alta demais possa matar, mas é o sintoma que indica que o corpo está doente. Os médicos (economistas, governo etc.) precisam diagnosticar a doença — gastos excessivos do governo, produção baixa, aumento sazonal de alguns produtos — para decidir de que remédio o país precisa.

O dr. Katz faz o contrário muitas vezes. Usa conceitos bem conhecidos de economia para explicar doenças e tratamentos complexos.

Por exemplo: como falar para um paciente que o câncer dele é incurável?

"O câncer é como uma dívida enorme. Todo mundo gostaria de pagar à vista e se livrar dela. Nem sempre dá. O normal é pagar em prestações. Mas, em alguns casos, o total da dívida é impagável. O jeito é fazer um Refis — aqueles planos do governo que alongam as dívidas por anos — e ir pagando aos poucos. Pode ser que, no meio do caminho, a pessoa ganhe na Mega-Sena, receba uma herança ou uma promoção inesperada no emprego. São as novas terapias que surgem todos os dias. Nem sempre elas aparecem a tempo. Não temos como saber. Mas podemos alongar a dívida na esperança de que, um dia, elas apareçam."

A filha do dr. Katz diz que ele tem um banco de metáforas, porque, na educação dela, esse recurso também é usado.

"Um dia estávamos discutindo o papel da religião e por que há tantas disputas e brigas quando se trata de falar de Deus. Eu disse que religião é como uma mesa. Alguns chamam de 'table', outros de 'távola', outros de 'mesa'. Apesar do nome diferente que cada um usa, todos têm a mesma noção de como uma mesa deve ser usada. Todos deveriam se sentar em volta dela para jantar, mas eles brigam só porque cada um chama a mesa por um nome."

Já viu explicação melhor para a insanidade que são as guerras religiosas?

Os poetas e compositores de músicas são os mestres em usar metáforas para dizer o que querem. "Esses que estão aí, atravancando meu caminho, eles passarão, eu passarinho", escreveu o poeta gaúcho Mário Quintana. Imediatamente, você se viu superando os problemas criados por pessoas que não gostam de você, voando por cima das dificuldades, como um passarinho. Tudo isso em duas palavras: "eu passarinho".

A poetisa americana Jane Hirshfield tem um vídeo na internet sobre metáforas e explica lindamente o poder delas. "Metáforas são maçanetas nas portas do que podemos saber e do que podemos imaginar. Cada porta leva a uma nova casa e algum mundo novo que só aquela maçaneta pode abrir. E o extraordinário é isso: ao criar uma maçaneta, você pode criar um mundo."

# por que aprendemos mais com comparações?

Parece que fica cada vez mais difícil a gente se comunicar. O mundo está muito barulhento! Estamos expostos a vários estímulos, e nossa capacidade de atenção e escuta é naturalmente limitada. Pesquisas mostram que recebemos cerca de 11 milhões de bits de informações a cada segundo. O nosso cérebro consciente, porém, só consegue processar cerca de 40 bits por segundo! Como fazer para que a nossa mensagem ganhe a concorrência e esteja nessa pequena fatia de informações processadas? Pesquisas recentes mostram que ganha essa briga a mensagem que atinge o cérebro do outro de modo mais fácil.

Thomas Brieu nos diz que à medida que a vida acelera e a riqueza de informações cresce, nossa capacidade de atenção empobrece. Segundo ele, nossa atenção e a dos nossos interlocutores são cada vez mais disputadas. E a forma mais interessante de produzirmos interesse e curiosidade é desenvolvendo atitudes empáticas.

Como podemos, então, desenvolver uma forma de comunicação que atinja fácil o cérebro do outro e que produza empatia? Usando analogias.

Analogia é uma relação de semelhança estabelecida entre duas ou mais entidades distintas. O termo tem origem na palavra grega que significa proporção. Nossa mente foi "programada" para se interessar por conteúdos e absorvê-los no formato de histórias ou analogias. Nesse formato, o acesso é imediato e quem ouve se torna um participante ativo, já que elas traduzem os conceitos mais complexos utilizando recursos e situações do nosso dia a dia, provavelmente já vivenciados por nós.

Quando bem-feita, a analogia favorece a compreensão e a aceitação do outro sobre o que queremos demonstrar. Diferentemente da descrição ou do pensamento lógico, que geram imediatamente contra-argumentos e permitem julgamento.

### por que aprendemos mais com comparações? • 153

A analogia aproxima nosso interlocutor, estimula o acolhimento das nossas ideias porque mexe com nossa emoção. Escutamos proporcionalmente à emoção causada em nós; esta precede o pensamento e não a controlamos porque não temos domínio sobre nossos filtros. Eles são o resultado de nossa história pessoal, nossas experiências, nossa cultura, nosso idioma. Assim, nossa memória de longo prazo, apesar de teoricamente ilimitada, guarda apenas as informações que, de alguma maneira, estão associadas a uma emoção.

Como você vê, a história do Kovalick sobre o valor das analogias tem todo o respaldo científico. Vale muito a pena usar esse recurso! Para tanto, considere esses passos:

- Defina seu objetivo: o que você pretende demonstrar?
- Busque uma comparação que leve em conta o universo do outro.
- Avalie se pode gerar algum tipo de mal-entendido ou se pode ser vista como preconceituosa.
- Demonstre claramente seu desejo genuíno em se fazer entender.

Dessa forma, pode ter certeza, sua comunicação será transparente como o mar de Noronha e acolhedora como um abraço sonoro.

# os Bons atalHos

Por incrível que pareça, o sucesso das metáforas está ligado, do ponto de vista neuronal, ao consumo de energia pelo cérebro. A compreensão racional se dá nas áreas de maior consumo de energia do encéfalo, com destaque para o neocórtex pré-frontal. Já as áreas associadas a lembranças emocionais, armazenadas na forma de imagens, odores, personagens ou lugares, são energeticamente menos "caras". E as metáforas estimulam diretamente essas áreas. Elas sensibilizam precisamente nossa biblioteca de memórias afetivas, criando bons atalhos que contornam eficazmente os cansativos argumentos lógicos.

Os exemplos são muitos. Para destacar a natureza interativa do ser humano e a relevância das disputas de poder, Aristóteles disse: "O homem é um animal político". Para justificar o Estado absolutista, Hobbes afirmou: "O homem é o lobo do homem". E para homenagear os que tinham vindo antes dele na história da ciência, Newton teria dito: "Só vejo mais longe porque estou sobre o ombro de gigantes".

Essas imagens falam a língua do sistema límbico, transmitem a "moral da história" de forma rápida, afetiva e figurativa, criando uma predisposição de aceitarmos o argumento lógico e racional. Ao mesmo tempo, exigem menos do energeticamente caro pré-frontal, que não irá precisar pensar e repensar cognitivamente todas as informações da argumentação. Além de tudo isso, a sensação de ter entendido a mensagem, de ter acompanhado o raciocínio, é algo prazeroso, mesmo quando o fator decisivo tenha sido simbólico e não estritamente racional. Por fim, boas metáforas são mais facilmente armazenadas na memória profunda por conta de seu conteúdo imagético. E será sempre mais fácil passá-las adiante, reforçando em escala a força das boas metáforas.

Mas atenção! Vivemos em uma sociedade que se baseia no paradigma da racionalidade. Assim, boas metáforas dão força ao argumento, mas também é preciso que haja elementos racionais pelos quais escolhas e decisões possam ser justificadas. Novamente, razão e emoção devem andar lado a lado.

capítulo 12

# O PODER DAS IMAGENS

Se um de nós encontrar Phan Thi Kim Phúc numa rua qualquer do Brasil, talvez não lhe dê muita atenção. Apesar do nome e da origem (ela é vietnamita), ela mais parece uma brasileira como tantas outras pessoas que vemos na rua. Cruzaríamos com ela na calçada sem nos dar conta de que ela – por causa de uma imagem, uma única imagem – ajudou a acabar com uma guerra e a desviar os trilhos da história do planeta.

Nesse hipotético encontro casual numa rua, talvez algo chamasse a atenção para aquela mulher: o imenso e belo sorriso. Um sorriso de quem está em paz com seu passado, com seus demônios, com seus algozes e – principalmente – com suas imensas, lancinantes e intermináveis dores. Um sorriso que se torna instigante – que nos questiona e nos desafia – quando ela, sem nenhuma cerimônia, tira a camisa para mostrar a origem dessas dores: a pele carquilhada – cheia de vincos e dobras – nas costas e nos braços, resultado de queimaduras causadas por um líquido inflamável chamado Napalm. "Ainda dói, todos os dias", diz ela, sem tirar o sorriso do rosto, o que faz essa declaração ainda mais desafiadora e, de certa forma, aflitiva.

Se não fosse aquela imagem que ajudou a acabar com a guerra, Phan Thi Kim Phúc seria uma das tantas e tantas vitimas de conflitos armados. Lamentada mas esquecida. Se não fosse aquela imagem, jornalistas do mundo inteiro não ficariam na frente dela nos últimos cinquenta anos praticamente implorando: "Me conte sua história!". Era o que eu fazia naquele momento. Tudo por causa daquela imagem que não me saía da cabeça durante a entrevista e nunca sairá.

Você conhece a tal imagem. O mundo inteiro conhece. Vá na internet e digite o nome dela "Phan Thi Kim Phúc" que a foto imediatamente aparecerá. Numa estrada, estão cinco crianças correndo. Phan está um pouco à esquerda, nua. Ela é o centro da foto, para onde nosso olhar converge. Ela e um menino, à esquerda, estão com a boca aberta, numa expressão de dor e horror tão grande que – não é exagero – a gente parece ouvir os gritos deles. Só depois nossos olhos conseguem ver os outros personagens. São sete soldados. Não dá para ver os rostos, mas eles parecem caminhar tranquilamente no meio daquele horror, o que torna a imagem ainda mais dramática. No fundo, grossas nuvens de fumaça.

A foto diz tudo, conta toda a história que desperta a nossa emoção e que, por isso, jamais vamos esquecer. Muitos fatos dessa história vão sumir imediatamente da cabeça. Duvido que, neste instante, você se lembre do nome da nossa personagem. Porém, se viu a imagem, jamais vai esquecer a história. Se não viu, vá lá na internet e digite: Phan Thi Kim Phúc.

O ano era 1972. Os Estados Unidos estavam envolvidos na Guerra do Vietnã desde o início dos anos 1960. Uma guerra que se tornava cada vez mais impopular entre os americanos. Manifestações por todo o país pediam o fim do conflito, que sugava vidas e recursos americanos sem que se chegasse a lugar algum. Os vietcongues, como ficaram conhecidos os soldados vietnamitas, se escondiam em buracos, no meio da selva e em pequenas vilas. Os americanos os perseguiam com uma estratégia semelhante à de caçar ratos. Jogavam Napalm, a substância incendiária, por meio de lança-chamas ou bombas para, literalmente, desentocar os vietcongues. No dia 8 de junho de 1972, a vila de Trang Bang, no sudeste do Vietnã, foi bombardeada com Napalm. Era onde morava Phan Thi Kim Phúc, que tinha 9 anos. O Napalm era misturado a gasolina gelatinosa para grudar onde fosse jogado. E grudou nas costas de Phan Thi. Agora, olhe de novo a foto! E tente imaginar a dor que ela estava sofrendo.

Essa foto ganhou inúmeros prêmios de jornalismo e foi uma espécie de pá de cal na Guerra do Vietnã. Depois de ver essa foto, o público americano não poderia tolerar mais o envolvimento do país naquela guerra, não admitiria mais ver os seus soldados cometendo aquelas atrocidades. A Guerra do Vietnã durou ainda mais três anos, mas, depois daquela foto, ela estava condenada. Como escrevi antes, você já deve ter esquecido o nome da vila, a data do bombardeio e, provavelmente, mais uma vez, o nome da nossa personagem. Não esquecerá o horror da guerra e não esquecerá que o fim dela foi precipitado, em grande parte, por uma foto.

Cinquenta anos depois, lá estava eu, na frente da protagonista daquela foto. Feliz e orgulhoso da minha profissão por me permitir aquele encontro. E estupefato, pensando em tudo o que aquela mulher significava e no poder da imagem.

Anteriormente, falamos do poder das histórias para abrir caminho ao conhecimento. O poder delas vem, em grande parte, da capacidade de gerar imagens no nosso cérebro. Quando a gente expõe as nossas ideias, não precisa necessariamente mostrar uma imagem. A gente tem que criar a imagem na cabeça dos ouvintes. Por isso, comparações são importantes.

A imagem tem, ao menos, três funções na comunicação:

1. Ela aguça a curiosidade.
2. Ela facilita a compreensão do conhecimento.
3. Ela se torna o ponto de referência da nossa memória.

Toda vez que quisermos acessar aquele conhecimento específico, a imagem servirá como o ponto de partida.

É importante lembrar que a gente não precisa mostrar a imagem. Muitos palestrantes se preocupam em fazer Power Points bacanas que mais atrapalham do que ajudam. Acabam distraindo a audiência da mensagem principal. O importante é criar a imagem no cérebro. Se for preciso mostrá-la, tudo bem (como no caso da nossa foto), mas nem sempre é assim. Às vezes, é melhor apenas descrever a imagem e deixar a imaginação da plateia fazer o resto. Imagine se Jesus Cristo fosse dar uma palestra e, ao falar da fé, mostrasse um Power Point com a imagem de um saco de sal Cisne e um pacote de Pó Royal! Pois é… As imagens ficaram bem mais fortes quando ele apenas disse que a fé era sal e fermento. A imaginação da audiência fez o resto do serviço, associando o sal a algo que arde mas cura, e o fermento a algo que se espalha e faz crescer.

# dicas

- *Tente sempre buscar imagens para ilustrar o que você está dizendo. Sempre. Se tiver dúvidas de que aquela imagem é apropriada, teste com alguém da família ou com um amigo. Se ele captar a ideia, ótimo. Se não, busque outra imagem. A gente nem sempre acerta na primeira.*
- *Recursos visuais são sempre bons e não se resumem a fotos ou imagens de Power Point. Bolas, brinquedos, roupas, chapéus, caixas... tudo o que puder ser usado para ilustrar suas ideias é bem-vindo... desde que não fique ridículo. Use o bom senso. Na dúvida, teste com a família ou amigos.*
- *Moderação no Power Point. Imagens ou textos que distraem devem ser evitados. Lembre-se de que todo ruído deve ser eliminado. Se algo atrapalha a compreensão do que está dizendo, elimine.*
- *Use a imaginação da audiência. Você já reparou que muitos livros excelentes viram filmes ruins? Um dos motivos é que a imaginação dos leitores não pode ser contida num filme. O nosso poder de enxergar cenários, personagens, de "ver" as situações descritas pelo autor, é maior do que a história da tela. Use a imaginação da sua audiência.*

Talvez um detalhe dessa história toda tenha deixado você intrigado. Não sei se lembra. Lá no começo do capítulo, eu disse que Phan Thi Kim Phúc tinha um sorriso marcante de quem está em paz. Na entrevista que fiz com ela, não pude deixar de perguntar: "Por que você sorri se ainda sofre tantas dores?". Ela respondeu: "Porque eu os perdoei". Se tem uma imagem de que nunca mais me esquecerei na vida é a daquele sorriso. E do que ele significa: perdão.

# expressividade

Quando nos comunicamos, construimos percepção. Esse fato é especialmente importante por três fatores: primeiro, porque é rápido, ocorre já nos primeiros segundos de contato que nós estabelecemos. Segundo, essa percepção é absolutamente inconsciente: não sabemos o porquê nem como, mas gostamos ou desgostamos, confiamos ou desconfiamos. Terceiro, assim que somos impactados, reagimos: atentos quando sentimos firmeza, desinteressados quando identificamos insegurança no outro. Chamamos essa construção de percepção de expressividade. E ela é o resultado da participação de três grupos de recursos: verbais, não verbais e vocais.

Recursos verbais têm a ver com a escolha das palavras e expressões que vão compor o nosso discurso, com a maneira como elaboramos as frases. Recursos vocais têm a ver com a forma como nós falamos, incluindo o tom da voz, o modo como articulamos os sons, a velocidade, o uso das pausas. Recursos não verbais são o resultado da nossa imagem visual e do modo como nosso corpo se comporta, considerando postura, gestos e expressão facial.

Há uma pesquisa clássica na área de comunicação, que avaliou qual era o impacto de cada grupo de recursos na percepção geral, em situações de falta de coerência entre eles. Veja que surpreendente: um estudo clássico da Universidade da California em Los Angeles, conduzido por Albert Mehrabian, descobriu que as palavras (verbal) correspondem só a 7% do impacto final, os recursos vocais a 38% e os não verbais a 55%. Isso acontece, porque a comunicação não verbal é a nossa forma mais primitiva; bebês choram de modo diferente quando querem atenção ou sentem dor – e pais atentos são capazes de perceber. As palavras chegaram por último, foram fruto de aprendizado formal, portanto podem ser mais controladas – e têm menos credibilidade! O ideal é que os três grupos de recursos de comunicação estejam coerentes entre si: palavra, corpo e voz. Quando isso não ocorre, os recursos não verbais preponderam e nos entregam! Isso porque, como se manifestam de modo mais intuitivo, temos menos possibilidades de interferência, o que dá a eles maior carga de credibilidade.

Nossa grande busca deve ser o uso harmônico e coerente desses três recursos. É só assim que nossa comunicação adquire a dose necessária de assertividade, capaz de aproximar o máximo possível aquilo que o nosso interlocutor entende da nossa real intenção.

## dicas

As oportunidades de apresentação em público são excelentes motivos para você se preparar e produzir resultados positivos:

- Se o seu tema não é original, busque uma forma original de apresentar. Capriche nos seus recursos visuais, use imagens expressivas. Entenda que o cérebro busca padrões e sempre registra o que foge deles, então mostre algo de efeito, de impacto. Pode ser um objeto ou uma imagem diferente;
- Acione mais de uma área do cérebro dos seus interlocutores. Além de falar, explore imagens, movimentos, sons. É interessante também que você encontre oportunidades para repetir os dados e as informações mais relevantes.

# Imagens e Histórias não contadas

**S**egundo o neurocientista António Damásio em seu livro *O mistério da consciência*, toda a percepção que o cérebro possui sobre o mundo interno (nosso corpo) ou externo se forma inicialmente através de uma espécie de "narrativa não verbal", uma história perceptiva concreta e real, mas simplesmente ainda não contada. No momento seguinte, quando procuramos dar significado a essa percepção e, sobretudo, quando tentamos ou temos que expressá-la, só então entra em cena a linguagem verbal.

Portanto, podemos dizer que nossa interação com o meio interno e externo se dá através da sequência informação-percepção-significação-avaliação-expressão verbal. Assim, uma pessoa muito focada em uma tarefa no trabalho pode estar com sede. Essa informação está sendo enviada do corpo ao cérebro. Mas, com a atenção da pessoa voltada para suas tarefas, não se dá a percepção, isto é, a história "eu estou com sede" ainda não foi conscientemente narrada. Ao mesmo tempo, a mera percepção pode ser algo vago do tipo "sinto que preciso de algo". A compreensão de que esse "algo" é matar a sede é outro passo, a significação. A avaliação envolve uma pergunta implícita do tipo "será sede mesmo?". E, por fim, pode ser que essa pessoa "ouça" uma voz interior dizendo: "Preciso de um copo d'água". Mas essa última etapa não é necessária. Talvez essa pessoa se veja levantando da cadeira meio automaticamente e se dirigindo ao bebedouro. A expressão linguística do que se passou, aquela "voz interior" é apenas resultado de nosso padrão verbal de pensamento, muito útil na expressão do processo para o mundo exterior.

É por tudo isso que as imagens têm tanta força e isso não se limita à arte. Em uma final de campeonato, quando o time da casa perde o jogo, a expressão no rosto da torcida, própria ou adversária, diz tudo. Não é preciso expressar verbalmente o que aconteceu. Os elementos de informação, percepção, significação e avaliação estarão todos presentes no cérebro de alguém que veja a expressão facial e corporal desses torcedores. Ninguém precisa dizer nada.

No entanto, é possível ir mais longe e dizer que, mesmo que a significação seja ambígua, algumas imagens continuarão tendo forte poder expressivo. Afinal, o que significa o sorriso da *Monalisa* de Da Vinci ou a expressão no rosto da *Pietà*, de Michelangelo? A informação visual foi gerada pela imagem, houve uma percepção, mas esta última pode resultar em formas diferentes de significação e avaliação para cada um de nós. Alguns podem dizer que a *Monalisa* tem uma expressão de falsidade, outros que ela parece uma mulher segura e empoderada. Seja como for, a força expressiva está ali e milhões de pessoas visitam o Louvre durante todo o ano para vê-la. O mesmo se dá com a *Pietà*, ainda que em menor grau. A mãe com seu filho morto no colo é uma imagem dramática em qualquer cultura. Mas qual o significado da expressão em seu rosto? Sua estatura é realmente maior que a do filho? Ela sabe que ele irá ressuscitar? Ela parece tão jovem para passar por aquilo...

Do ponto de vista cerebral, boas imagens são aquelas que formam uma narrativa incompleta, que nos fazem sonhar, imaginando vários significados possíveis. Imagens que marcam são as que permitem a cada um de nós criar um fim alternativo para uma história não contada completamente. Elas provocam a constituição de redes envolvendo várias áreas do encéfalo, misturando conteúdo real (a imagem em si, seu contexto verdadeiro e histórico) com elementos imaginativos (nossas lembranças, nossos valores, nosso senso estético). Nada disso acontece quando estamos diante de uma placa de trânsito padrão que apenas nos transmite um conteúdo óbvio e uma mensagem inequívoca. Mas o cérebro é aventureiro e nos proporciona uma sensação de prazer ainda pouco compreendida quando, diante de uma imagem, acabamos nos perguntando: "Por quê? De onde isso veio? Como essa história continua?".

Do ponto de vista cerebral, uma boa imagem tem um pouco de mistério, uma razão oculta, é um pedaço de uma história que jamais foi contada ao certo e que nos desperta a vontade incontrolável de terminar de narrar.

capítulo 13

# recursos não verbais

Os ratos são os primeiros a abandonar um navio que vai afundar. Por isso, ganharam fama de covardes. Antigamente, quando se queria encher um homem de brios para enfrentar corajosamente uma situação, perguntava-se: "Você é um homem ou é um rato?". A resposta óbvia seria um homem, mas dizer "um rato" não seria um demérito tão grande. Afinal, os roedores estão aí nos atormentando há milhares de anos e, apesar de toda a nossa tecnologia, nunca encontramos uma arma mais eficiente para controlá-los do que um bom gato. Um dos motivos é que eles desenvolveram mecanismos de sobrevivência muito eficientes. Por isso, abandonam o navio. São espertos, não necessariamente covardes.

Eu fazia todas essas conjecturas zoo-filosóficas enquanto me encaminhava para uma reportagem sobre uma pesquisa feita na Hotchkiss Brain Institute da Universidade de Calgary, no Canadá, que mostrou que o estresse se espalha entre grupos de humanos (e de ratos) da mesma maneira como os vírus migram de um indivíduo para o outro transmitindo doenças como a gripe.

A pesquisa foi feita pela equipe do professor Jaideep Bains. Ele e a equipe usaram pares de ratos que estavam sempre juntos, como amigos. Os dois eram separados. Um deles era exposto a uma situação estressante, como um perigo ou algum desconforto. Isso provocava alterações no funcionamento do cérebro do ratinho, que foram medidas pelos cientistas. Depois de algumas horas, os dois ratinhos amigos eram reunidos de novo. Assim que eles se encontravam, o ratinho que não tinha sido submetido à situação estressante passava a ter as mesmas alterações no funcionamento do cérebro que o que passou pela situação de estresse. Os cérebros dos dois passavam a reagir da mesma maneira. Ou seja, um ratinho "infectou" o outro com estresse.

Isso ocorre porque o cérebro do rato (o sistema "animal" nos humanos) se preocupa basicamente com a sobrevivência. Diante de perigos ou situações desconfortáveis, esse sistema dispara uma resposta para que o rato (ou o ser humano) possa se safar. O estresse é uma das consequências para que ele possa reunir as forças necessárias para reagir. Mas não é a única. O cérebro não está preocupado apenas com a sobrevivência de cada indivíduo, mas de toda a espécie, por isso se preocupa em avisar aos outros que todo mundo corre perigo.

A pesquisa do dr. Bains mostrou como isso acontece: ao disparar o processo de estresse, o cérebro comanda a liberação de um sinal químico, um feromônio, que funciona como alarme para alertar os outros do perigo. Os demais membros do grupo se preparam para enfrentar aquele perigo, sem nem saber direito qual é o perigo. Todo mundo corre primeiro e vai ver que perigo é esse depois. O alarme é disparado, no caso dos ratos, antes mesmo de o roedor estressadinho fazer o primeiro "quic, quic". No nosso caso, também infectamos os outros com estresse e nem precisamos dizer "estou estressado". Infectamos os outros com alterações no tom de voz, com gestos, com a linguagem corporal. E, provavelmente, emitimos também sinais biológicos, mas isso a equipe do dr. Bains não foi capaz de dizer, já que o estudo foi feito apenas com ratos.

A reportagem era sobre o estresse e como evitar esse contágio, mas, ao entrevistar o dr. Bains, imediatamente percebi como o estudo iluminava uma área da comunicação: a nossa capacidade de enviar mensagens sem abrir a boca e, muitas vezes, dizendo com o corpo o exato oposto do que estamos querendo comunicar. Mais ou menos como aquela pessoa que diz que está tudo bem, mas você vê, claramente, que não está.

No meu caso, tive que aprender a controlar um pequeno detalhe na expressão que por toda a minha vida fiz ao pronunciar a letra "e", principalmente quando é a primeira de uma palavra, como em "elefante". Experimente dizer "elefante". Você verá que a sua boca se abre também quase como num sorriso. No meu caso, era um sorriso um tanto exagerado. Isso nunca me deu problemas, porque, em reportagens na rua, há tantos elementos (gente, árvores, carros etc.), que as pessoas não percebem detalhes como esse. Quando passei a trabalhar no estúdio, apresentando telejornais, esse pequeno "sorriso" se tornava gigantesco. Todo mundo percebia. Se fosse uma notícia trágica, parecia que eu estava rindo da desgraça alheia. Leny percebeu que a minha expressão um pouquinho exagerada não fazia apenas a ponta dos meus lábios se levantarem como num sorriso, mas os olhos também (quando sorrimos, movemos os cantos dos lábios e os cantos dos olhos para cima). Depois de quase trinta anos de TV, lá fui eu para a frente do espelho treinar a dizer o fonema "ê" sem sorrir. Não é difícil. O problema é construir um novo caminho no cérebro para que a expressão saia naturalmente, sem precisar lembrar todo o tempo. O cérebro aprende, mas exige esforço e dedicação.

Para quem tem que comunicar uma mensagem (todos nós), a linguagem não verbal é tão importante quanto um discurso bem preparado. Um gesto ou uma expressão facial podem botar tudo a perder. Ou podem ser o elemento que vai conquistar a audiência.

Líderes mundiais tiveram que aprender a usar essa linguagem, para outros é algo absolutamente natural. O ex-presidente americano Barack Obama usava e abusava do sorriso para conquistar plateias. Nem precisava falar. Bastava sorrir para ter o público a seus pés.

A chanceler alemã Angela Merkel faz um gesto característico com as mãos que, para qualquer outra pessoa, seria um desastre. Primeiro, porque o gesto distrai a atenção dos ouvintes e, segundo, porque pode ser interpretado de uma forma um tanto embaraçosa. Dê uma olhada em qualquer foto dela. Provavelmente, Merkel estará fazendo um gesto com as mãos que já foi descrito como "forma de diamante", mas também pode ser comparado ao aparelho genital feminino. O tal gesto já foi motivo de muitas piadas, memes. Merkel já foi questionada várias vezes sobre o motivo de fazer aquilo e a resposta sempre foi "Eu não sei o que fazer com as mãos". É um sinal claro de que ela está pouco à vontade ao falar em público. Mas algum marqueteiro esperto fez daquele limão uma limonada. Ele percebeu que o gesto de timidez e desconforto aproximava a líder poderosa do cidadão comum. Pouca gente se sente à vontade na frente de uma multidão e, ao ver que a líder também estava desconfortável, os alemães percebiam que ela era "gente como a gente". Além disso, num país até hoje traumatizado por um líder de gestos e discursos exagerados como Hitler, aquele gesto com as mãos mostrava que ela era exatamente o oposto. Para completar, as mãos colocadas daquela forma combinavam com o apelido que Merkel recebeu: "mutti", ou mamãe. Lembro que quando fui cobrir as eleições alemãs em 2013, me deparei, no centro de Berlim, com um enorme outdoor (devia ter uns 30 ou 40 m de altura) pregado na lateral de um prédio. O rosto de Merkel não aparecia, acho que nem o nome dela. Apenas um par de mãos fazendo aquele gesto inconfundível e a frase: "A Alemanha em boas mãos". Precisava dizer mais? Merkel foi reeleita.

# Gestual fala mais alto

**"Seu gestual fala tão alto que não consigo ouvir o que você diz."**
**Ralph W. Emerson**

Ao nos comunicarmos, emitimos sinais. Fazemos isso o tempo todo, por meio das palavras que escolhemos, do nosso tom de voz, da roupa que usamos. E, claro, por meio do nosso corpo. Nossa comunicação não verbal é poderosa! Conforme o estudo conduzido por Albert Mehrabian, quando os recursos verbais, não verbais e vocais estão em desacordo na nossa comunicação, os sinais do nosso corpo correspondem a 55% do impacto que geramos no outro.

Esse impacto tão grande tem a ver com o nosso "inconsciente adaptativo", a parte do nosso cérebro que identifica a percepção: aqui, a velocidade é mais rápida, mais espontânea e mais focada no presente. Em cerca de quatro segundos de contato visual, antes até de abrirmos a boca, construímos a percepção sobre o outro. Essa percepção é o resultado da observação da nossa postura corporal, do uso de gestos, do direcionamento ou não do nosso olhar, dos balanços de cabeça e até da nossa expressão facial. De todos esses sinais, a nossa face é a mais fiel e verdadeira.

Qualquer reação emocional já gera mudanças na nossa expressão. Essa reação é mais forte e mais rápida até do que o nosso próprio pensamento! O pensamento é invisível ao outro, mas ao gerar em nós uma reação facial ele nos entrega.

Paul Ekman, grande pesquisador da linguagem das emoções, observou expressões faciais em tribos de aborígenes da Austrália, sem nenhum contato com a civilização. Seu estudo permitiu que identificasse sete emoções básicas e mundiais: alegria, tristeza, medo, raiva, desprezo, surpresa e nojo. Cada uma delas produz em nosso rosto um conjunto de movimentos que permite ao nosso interlocutor identificar o que estamos sentindo. Os estudos de Paul Ekman serviram de base para a famosa série *Lie to me* e também para a animação infantil *Divertidamente*, produzida pela Pixar em 2015 e lançada pelos estúdios Disney.

## "Ser natural é a mais difícil das poses."
### Oscar Wilde

Muitas pesquisas demonstraram que a nossa face, região mais próxima do cérebro, nunca mente porque o inconsciente é ético. O que pode acontecer é que, em momentos específicos, podemos querer "disfarçar" o que sentimos, como quando, por exemplo, compramos a carta que queríamos e fazemos um Royal Straight Flush no jogo de pôquer. Mas um interlocutor atento consegue perceber antes de modificarmos, e a essas situações damos o nome de microexpressões faciais.

As microexpressões faciais são movimentos involuntários, rápidos (cerca de meio segundo!), extremamente verdadeiros e universais. E o curioso é que a pessoa com quem estamos interagindo não sabe como e nem por que, mas registra a impressão. Se a impressão for negativa, então, maior a nossa sensibilidade em perceber, por causa do nosso resíduo evolutivo. Nosso cérebro foi programado para nos proteger de ameaças, de perigos. E olha só: quando alguém vai mentir, consegue controlar facilmente as palavras, mas não as expressões! Se a imagem é vista por meio da TV, nossa sagacidade em perceber é ainda maior, porque a televisão amplia os detalhes.

Agora, se você pretende identificar de modo mais consciente as microexpressões, por exemplo, numa negociação, preste atenção a esses três passos:

1. Siga a sua intuição.
2. Procure imitar a expressão.
3. Exclua o que parece não ser.

Desse modo, acredite, você vai ficar imbatível!

## dicas

Quando for se expor numa situação relevante, capriche na comunicação não verbal:

- cuide de seu ambiente: organize sua mesa, observe se está tudo em ordem ao seu redor
- vista-se de acordo com a imagem que pretende passar
- assuma postura corporal de vencedor: mantenha as costas retas, os ombros relaxados e os braços soltos
- mantenha a base corporal fixa e imóvel: se você estiver de pé (ideal), divida o peso do corpo igualmente nas duas pernas; se estiver sentado, nos dois lados do quadril
- seus braços devem ficar livres, na altura da cintura que é onde os gestos naturais são feitos. Evite postura de fechamento, com os braços cruzados ou as mãos nos bolsos
- olhe para o seu interlocutor. O tempo todo! É sinal de interesse e gera conexão com o outro. Se você estiver falando para um grupo de pessoas, alterne o seu olhar entre todos, para incluí-los
- mantenha o seu tronco inclinado na direção do seu interlocutor
- esteja presente efetivamente na situação de comunicação, para que sua expressão facial revele a sua emoção e a sua intenção.

# economia de atenção e comunicação não verbal

O contato social entre membros de uma mesma espécie animal se dá através de diversos estímulos sensoriais. Nós, primatas, temos um olfato relativamente menos aguçado em comparação a outros mamíferos, como nossos grandes amigos, os cães, por exemplo. Por outro lado, a visão é mais importante para nós, humanos, seja do ponto de vista perceptivo (recepção do estímulo), seja do ponto de vista cognitivo (interpretação de mensagens visuais).

No processo de comunicação, no entanto, tendemos a superestimar o conteúdo do texto escrito ou da fala. Mas isso é um grande erro. Nada menos do que um quarto do córtex humano está envolvido com a percepção e a análise de estímulos visuais. Não é por outra razão que os ilustradores são tão importantes, pelo menos desde a Idade Média. Um livro ilustrado não apenas desperta mais atenção do leitor, ele é mais efetivo na comunicação da mensagem.

Milkica Nešić e Vladimir Nešić, em seu artigo *Neuroscience of Nonverbal Communication*, destacam que, do ponto de vista neurocientífico, uma comunicação eficaz tem que combinar elementos verbais e não verbais. Um indício relevante nessa direção refere-se ao fato de que o reconhecimento facial é uma habilidade de comunicação não verbal que se desenvolve muito cedo nos bebês. Mas, à medida que passamos a dominar a comunicação verbal, tendemos a dar menos importância a outros elementos sensoriais, tanto visuais quanto auditivos ou mesmo táteis. No entanto, ainda que em um nível menos consciente, todas essas informações chegam ao cérebro ao mesmo tempo e constituem um conjunto único que é submetido às áreas cognitivas do sistema nervoso central. Talvez por isso, muitas vezes, sejamos capazes de dizer que o argumento de alguém não nos convenceu, mas não conseguimos explicar exatamente por quê.

No jornalismo brasileiro, talvez o melhor exemplo dessa combinação de elementos verbais e não verbais seja Paulo Francis. Muito além do conteúdo por vezes polêmico de suas matérias, ele conseguia nos transmitir na TV todo um conjunto de mensagens, fosse pela forma muito peculiar da fala, fosse pela imagem facial muito pouco refinada e quase agressiva, com seus óculos "fundo de garrafa". Os inesquecíveis memes de um apresentador como Chacrinha dispensam maiores comentários.

Esses dois ícones da comunicação nos remetem a outro aspecto de interesse: a chamada "Economia da Atenção" (*Economics of Attention*), cujo autor mais importante é Richard Lanham. Colorindo o argumento dele e de outros autores com elementos da neurociência, podemos dizer que a atenção é um recurso escasso e, do ponto de vista neuronal, caro em termos energéticos. Aquilo que desperta nossa atenção, estimulando áreas importantes como a amígdala cerebral, acaba sendo examinado pelas regiões e estruturas cognitivas do cérebro, como o neocórtex pré-frontal. Por esse motivo, o cérebro tende a filtrar aquilo que parece menos relevante (o termo técnico é "menos saliente"). Isso ocorre com tudo o que, de modo simplificado, nos causa uma sensação de monotonia, algo do tipo "já vi isso milhares de vezes". É por essa razão que, no geral, desprezamos a sensação tátil da roupa sobre nossas peles ou do sapato ao redor de nossos pés. Ela está lá, mas não lhe damos atenção. Porém, uma pedra no sapato ou um fiapo de manga entre os dentes é algo saliente, chama nossa atenção e nos estimula a fazer algo, interagindo com o que nos incomoda.

É possível concluir que uma comunicação não verbal eficaz, que consiga prender nossa atenção, deve estar baseada em algo ligeiramente incomum: um timbre de voz variante, um gesto teatral aparentemente desnecessário, mudanças nas expressões da face e assim por diante. É claro que, no contexto da TV, isso também pode ser uma armadilha e o cabelo mal penteado do apresentador ou do repórter pode simplesmente roubar a cena e encobrir por completo o conteúdo verbal que se deseja transmitir. Mas, na dose certa, elementos quase caricaturais despertam nossa atenção por sua característica incomum. Uma pequena dose de Francis ou de Abelardo Barbosa é como o sal em um bom prato: na dose certa, é essencial.

capítulo 14

# recursos vocais

Ser o melhor aluno de uma escola católica no início da década de 1980, como eu era, criou um problema de sintonia com o meu público-alvo: eu era extremamente popular com as freiras, mas não com as meninas que eu queria namorar. Minha popularidade só subia entre as garotas – e de forma exponencial – na época das provas. Eu era o passador de cola oficial da sala. Como negar uma resposta certeira se aquilo me rendia, ao menos, sorrisos das meninas mais bonitas da classe? Até que um professor descobriu e contou para os outros. Desse dia em diante, quando havia prova, eu sentava na primeira fileira da sala sozinho, a segunda fileira ficava vazia e os colegas só se sentavam a partir da terceira. Ou seja, havia uma fileira de contenção anticola entre eu e o resto da classe, para impedir que eu cedesse aos encantos femininos e às ameaças dos valentões, que exigiam de forma um tanto ríspida que eu colaborasse com a nota deles.

Era por isso que eu tinha certa inveja de um garoto chamado Aldo, que apareceu na escola no segundo ano do ensino médio. Ele fugia ao perfil dos caras que faziam sucesso com as meninas. Não era atlético, tinha altura mediana, não usava roupas que faziam sucesso na época. Ou seja, um cara como eu. Só que cercado de garotas e de um monte de gente bacana que eu queria ter como amigos. Qual seria o segredo do Aldo?

Um dia, houve um show de talentos na escola. Alunos que soubessem cantar, dançar, tocar algum instrumento foram convocados para se apresentar. Fiquei impressionado com a quantidade de atrações. Nunca imaginei que houvesse tanta gente talentosa na minha escola. Com certeza, seriam futuros artistas pela qualidade do que apresentavam.

Eu – que sou desafinado, não tenho ritmo, basicamente talento nenhum – fiquei na plateia assistindo.

Quando o show começou, o Aldo subiu ao palco. "O cara deve ser músico", imaginei. Ele pegou o microfone e abriu um vozeirão, não para cantar, mas para falar. Uma voz firme e ao mesmo tempo macia. Falava de um jeito empolgante, sem nenhum erro, nenhuma palavra mastigada, mal pronunciada. Ele seria o apresentador daquele show.

Perguntei para alguém que estava ao meu lado: "Eu conheço essa voz, quem é esse cara?". "Ué, você não sabe?", respondeu o sujeito "É o Aldo Fontella."

Quem viveu em Porto Alegre na década de 1980 sabe quem é. Aldo era um dos ídolos daquela geração. Eu convivia com ele, estava sempre por ali na hora do recreio e não o reconheci.

Aldo era um dos locutores da "Rádio Cidade, 92.5, Porto Alegre", como eu vivia tentando imitar. A Cidade trouxe, do Rio de Janeiro, o modelo de rádio descolada, jovem, com locutores com voz bonita, mas sem a impostação de antes. Era uma revolução. E nos apresentou os grupos que nos faziam dançar na época: RPM, Kid Abelha, Legião Urbana, Paralamas do Sucesso. E Aldo era o locutor que fazia mais sucesso com a garotada, porque ele também era um garoto. Tinha apenas 16 anos – a sintonia perfeita com a turma da minha geração.

Aldo ainda ficou uns tempos no colégio e sumiu da mesma forma que tinha aparecido. Mas naquele dia do show de talentos, decidi o que queria ser na vida: locutor. E da Rádio Cidade. Não rolou. Mas minha voz ainda me levaria longe.

Havia outra voz que embalava os sonhos dos porto-alegrenses: a de Ananda Apple. Ela também era uma adolescente, com uns 16 anos de idade, e comandava um programa chamado *Tempo Beatle*. A voz suave daquela menina e os profundos conhecimentos sobre os Beatles proporcionavam uma viagem no tempo e no espaço. Numa época em que viajar para o exterior era coisa de gente muito rica, bastava fechar os olhos, ouvir a voz da Ananda e as músicas dos Beatles para que meia Porto Alegre fosse imediatamente transportada para Liverpool e Londres dos anos 1960. Minha imaginação viajou muitas vezes naquele programa semanal de uma hora. Sempre quis conhecer outros países, principalmente a Inglaterra. Duro como eu era, as chances eram remotas. Mas a voz da Ananda proporcionava aquela viagem semanal.

Muitos anos depois – e põe muitos nisso – me tornei correspondente em Londres. Um dos primeiros lugares que quis visitar foi a famosa faixa de pedestres na Abbey Road, onde os Beatles tiraram a foto da capa do álbum que também se chama *Abbey Road*. Nesse período, uma das viagens mais legais foi a Liverpool, para conhecer o Cavern Club, onde o grupo começou a se apresentar, as casas onde os quatro viveram na infância e adolescência, a escola onde Paul e John se encontraram, Strawberry Fields, a barbearia da Penny Lane. Nada era novidade. Eu tinha a nítida sensação de que estava revendo lugares que marcaram a minha adolescência. Quem disse que eu nunca tinha estado em Londres ou Liverpool?

A voz tem esse poder mágico, por isso admiro tanto os locutores de rádio. Eu não tinha desistido de ser um, até que a primeira porta se abriu: fui trabalhar como auxiliar de um narrador de corridas de cavalos. A gente tem que começar por algum lugar, né? A minha função era apenas dar os resultados. Ele narrava a corrida e, assim que ela acabava, eu entrava dizendo os nomes dos cavalos que tinham chegado na frente: "Em primeiro lugar Fleur de Spain; em segundo, Visigoth e, em terceiro, Honey Deux". Nunca entendi por que os donos dos cavalos botavam esses nomes estrangeiros complicados. Anos estudando inglês e francês me ajudavam, ao menos, a não errar a pronúncia; porém, minha mãe, que pagava um dinheiro que não tinha em escolas de línguas, não deveria estar nada orgulhosa do resultado pífio do investimento para transformar o filho num poliglota. Anos de estudo e um dinheirão de mensalidades para não errar nome de cavalo era um pouco frustrante. Agora... repare também que, nos exemplos aleatórios que dei acima, não dá para diferenciar, pelo nome, se são cavalos ou éguas, certo? Meu hábito de chamar cavalos de éguas e vice-versa tornou muito breve minha carreira no Jóquei.

Eu já estava no fim da faculdade e não conseguia nenhum estágio mais nobres, pelo menos para os padrões de estudantes de jornalismo (nenhuma crítica aqui às corridas de cavalos e seus narradores maravilhosos). Todo mundo queria trabalhar nas grandes empresas, como a RBS, a maior empresa de comunicação do sul do país. Eu não arrumei nada e fui fazer estágio na rádio da própria Universidade.

Era bem legal. Trabalhava como repórter e, uma vez por semana, era encarregado de fazer um programa de música, que eu mesmo narrava. Mas a formatura estava chegando e eu não via um futuro muito brilhante para mim.

Até que um operador de áudio da rádio da universidade, chamado Maneco, prestou atenção na minha voz. Ele também trabalhava na Rádio Gaúcha, que pertence ao grupo RBS. Maneco falou com alguém lá e, uma semana depois, fui chamado para fazer um teste. Não fui muito bem, é verdade. Ainda era muito verde.

Precisaria aprender muito para ser um repórter do nível de exigência da Rádio Gaúcha, mas o pessoal lá reconheceu que eu tinha uma boa voz, falava direito. Algum chefe resolveu me dar uma chance e mandou os colegas me treinarem.

Foi um período maravilhoso, mas também durou pouco. Desta vez, porém, por um bom motivo. Alguém ouviu minha voz na Rádio Gaúcha e achou que eu poderia ser um bom repórter de TV. Seis meses depois de entrar na rádio, fui chamado para fazer um teste na RBS-TV, a emissora de maior audiência no Rio Grande do Sul. A experiência adquirida na rádio – e a voz – me garantiram o emprego, embora eu mal soubesse fazer TV. Mais uma vez resolveram me dar uma chance. Depois, fui para a Globo, e então para o exterior por dez anos, onde o dinheiro que a minha mãe investiu em cursos de línguas estrangeiras foi usado de forma mais proveitosa.

# "esculpido em carrara"

Comunicação não é o que sai da nossa boca. Comunicação é o que chega ao ouvido do outro! Sempre considerei um grande desafio para qualquer um de nós conseguir passar uma mensagem e fazer com que ela seja corretamente recebida pelo nosso interlocutor. Para entender melhor, vamos nos lembrar do nosso tempo de criança. Quem já brincou de "telefone sem fio" sabe como isso é complicado! A palavra ouvida pelo segundo componente da fila é passada para o terceiro e, assim, sucessivamente. O último da fila, fatalmente, vai falar outra palavra, muitas vezes completamente diferente, e todos vão morrer de rir. É realmente impressionante como algo simples, como uma palavra, pode ser percebido de modo tão diferente. E por que isso acontece? A nossa compreensão é resultado de toda a nossa bagagem de experiências anteriores, de conhecimento, de situações vividas.

Tudo o que ouvimos passa por esse "filtro" e, se encontra em consonância com o que temos, faz sentido. Quando isso não ocorre, a nossa tendência é aproximar o desconhecido para nós daquilo que faz sentido. Foi assim que um dito popular acabou sendo tão modificado. Quando uma criança, por exemplo, é muito parecida com o pai, costuma-se dizer que o menino é tão parecido, como o rosto do pai "esculpido em carrara". Escultura é uma forma de arte talvez não tão popular à época da expressão. Carrara, tipo de mármore segundo seu local de origem, talvez não faça parte das experiências de grande parte da população. Assim, por aproximação morfológica, mas muito longe do sentido, o povo substituiu "esculpido em carrara" por "cuspido e escarrado". Horrível, não? Trata-se de um exemplo de uma modificação bastante caricata, sem dúvida. Mas é altamente emblemática do grande risco que corremos ao termos a nossa mensagem deturpada. Assim, é fundamental que tenhamos alguns cuidados.

"esculpido em carrara" • 179

Em primeiro lugar, saiba exatamente para quem você vai falar. É uma situação de contato individual, pessoal? Ótimo! A possibilidade de acertar é maior quando a conversa é olho no olho. Você vai falar para um grupo? Capriche nos recursos, fale mais alto, gesticule mais, olhe para todos alternadamente, enfatize os trechos mais importantes. Quem é o seu público? Idades? Nível de conhecimento? Perfil? Adeque seus exemplos à realidade deles, escolha o vocabulário mais pertinente. Vale escolher uma linguagem simples, direta e objetiva, porém absolutamente correta.

A linguagem simples atinge a todos, com pouco risco de não ser compreendida. A linguagem correta atrai e impacta positivamente os que têm maior conhecimento. Procure direcionar a mensagem de acordo com o interesse e com as necessidades de seus interlocutores. Pense em qual é a mudança de comportamento que você pretende produzir e abuse de dados, exemplos, metáforas e comparações para ilustrar e rechear a sua mensagem. Mantenha-se atento às reações do seu ouvinte. Observe se ele parece atento, interessado, apático, discordando, aprovando ou duvidando e vá modificando o discurso e a maneira de falar de acordo com essa percepção. Valorize a situação de comunicação, demonstre com clareza a sua intenção de se comunicar. Esses cuidados sem dúvida produzirão as melhores reações de seu público, que se manterá atento, interessado e receptivo. Essa condição, certamente, favorece e permite que a sua mensagem seja muito bem assimilada e que você atinja seus objetivos sem riscos desnecessários. Até porque "esculpido em carrara" é muito mais bonito do que a versão popular.

## VOZ, ESSE SOM PODEROSO

A voz é produzida pelo "aparelho fonador", colocado, assim, entre aspas porque, na realidade, não nascemos com órgãos específicos para essa função. Quando resolvemos falar, tomamos emprestados órgãos dos aparelhos respiratório (pulmões, traqueia, laringe, músculos diafragma e intercostais e cavidade nasal) e digestório (boca, faringe, língua etc.), que foram adaptados para esta função. Nem sempre essa adaptação acontece da melhor maneira, o que não significa defeito ou problema, mas sim interferência negativa no resultado final. Fisicamente, a voz é produzida no nível das cordas vocais, que os especialistas chamam de pregas vocais — duas pregas de músculo e mucosa que vibram durante a passagem do ar na expiração.

# 180 • seja inesquecível

Para você entender melhor, imagine uma massa de pão de ló, bem fofinha, que seria a parte muscular, coberta por uma camada grande de chantilly, representando a mucosa. Na produção da fala, as duas pregas vocais se aproximam à custa do trabalho muscular, e a mucosa vibra, produzindo um som básico bastante débil e fraco. Não daria para nos comunicarmos só por ai! Por isso, o som é ampliado nas cavidades da ressonância (boca, nariz, seios paranasais e garganta), que devem participar do processo de modo equilibrado. Depois, ele é articulado na boca, onde participam os lábios, a língua, as bochechas e os dentes.

Esse processo é bastante simples, mas podemos produzir a nossa fala a partir de várias possibilidades de ajuste. Na prática, em determinado momento de nossa vida, fazemos a "escolha" (entre aspas, porque é inconsciente) de determinado padrão, que passa a nos representar. Essa escolha produzirá um efeito em nosso corpo e um impacto em quem nos ouve. Olha só: se escolhermos o ajuste ideal, com uso da ressonância de modo bem equilibrado e com padrão amplo e preciso de articulação, o efeito no nosso corpo será de conforto absoluto. O impacto no interlocutor será a percepção de que estamos seguros, certos do que falamos e motivados. Considerando que comunicação é um processo dinâmico, as pessoas reagirão à nossa fala de modo atento e interessado. Às vezes, porém, podemos fazer escolhas equivocadas.

Ao falarmos, a voz impacta bastante, podendo estar de acordo com a imagem... ou não! Quando há concordância, o outro reforça a boa impressão que teve. Quando há discrepância, ou seja, uma voz muito diferente do que se imagina associada àquela imagem, gera muito estranhamento.

Uma boa voz é aquela que nos faz sentir efetivamente representados pela percepção que constrói. Ela deve ser eficiente do ponto de vista de alcance e ser produzida com conforto, sem nenhum esforço.

Quando percebemos que a nossa voz não nos representa, é importante buscarmos sua adequação. A voz é fruto da nossa história de vida, assim se modifica continuamente. É também um comportamento aprendido e, por isso, passível de mudança. Há vários fatores, físicos ou emocionais, que podem interferir na qualidade de nossa voz. Quaisquer desses fatores podem ser melhorados, trabalhados, para que nos sintamos efetivamente representados pela voz que produzimos. Em minha rotina de atuação profissional, tenho o prazer e o privilégio de acompanhar muitos desses processos. É recompensador! Quem se percebe identificado com a imagem que produz se sente mais feliz.

É relativamente comum conhecermos uma pessoa grande, alta, com imagem de poderosa, que, ao abrir a boca, produz uma voz fina, que não combina em nada com a nossa expectativa. Ou vemos uma pessoa aparentemente sem graça, vestida até com gosto duvidoso, que ao falar ocupa o espaço com uma voz firme e bonita! Neste caso, descobrimos um "tesouro" escondido que precisa ser melhor "embalado", e pode ser interessante uma orientação de estilo. Já no primeiro caso, a pessoa certamente se sente "com a roupa errada", no caso a voz, num ambiente onde preferiria estar mais bem representada. Isso gera muito incômodo, insegurança, e por uma razão muito simples. A voz é uma das projeções mais fortes de nós mesmos e ela nos "escancara" para o mundo. Nossa voz é única, grande sinal de nossa individualidade. Há várias possibilidades de ajustes que podemos realizar para produzir a voz. Nossa "escolha" inconsciente é influenciada por três dimensões da nossa vida: a física, que tem a ver com a nossa estrutura corporal; a psicoemocional, que tem a ver com nossa personalidade, nosso modo de ver o mundo; e a sociocultural, relativa às pessoas significativas do nosso entorno. Esse trio de dimensões é tão particular para cada um de nós que não existe uma voz igual a outra; ela é tão única quanto a nossa impressão digital.

A partir dessa "escolha", geramos impacto no nosso interlocutor sempre que nos comunicamos. Nosso sucesso ou insucesso nas nossas relações, nas nossas conquistas, tem muito a ver com esse impacto. Por isso é tão importante observarmos quais são os sinais que emitimos e os resultados que obtemos. Eles sempre são proporcionais e interdependentes! Também por isso o Kovalick chegou tão longe.

**CARISMA ACÚSTICO – Já ouviu falar?**

Várias pessoas têm vontade de saber se sua voz é bonita. É claro que esse é um conceito muito subjetivo. O que é "bonito"? Depende do gosto de cada um! O professor dr. Paulo Pontes, reconhecido médico pesquisador da área de voz, afirma que a voz saudável é produzida de modo eficiente e sem a presença de esforço. Quando somos capazes de produzir nossa voz de maneira natural, alcançamos o nosso interlocutor como num "abraço sonoro" gostoso e aconchegante.

182 • seja inesquecível

A voz é o instrumento da nossa intenção. Quando falamos, buscamos o convencimento, a persuasão, o entendimento. Segundo o foneticista Oliver Niebuhr, da Universidade da Dinamarca, atingimos esses objetivos quando temos um tal de "carisma acústico". E ele pode ser medido objetivamente e desenvolvido!

Oliver criou uma "fórmula" baseada em dezesseis parâmetros, que, ao considerar um trecho de voz gravada, avalia e pontua sua qualidade por meio de um índice que varia de um a cem pontos. Para testar a eficácia de seu método, resolveu expor as amostras de fala de seis pessoas, lendo um trecho de *Fausto*, de Goethe, à avaliação perceptiva de seis ouvintes e ao seu método. Descobriu que o primeiro colocado de acordo com o grupo de pessoas... foi exatamente o mesmo apontado por sua fórmula! Justificou o resultado considerando que a voz é nossa mais primitiva forma de comunicação; assim, gera em nós emoções que podem ser claramente percebidas e identificadas. Mas sua pesquisa posterior traz dados ainda mais interessantes sobre essa ferramenta fascinante que é a nossa voz. Olha só:

Ao submeter amostras de fala de pessoas famosas ao seu método, ele constatou que a voz de Steve Jobs, da Apple, alcançou o mais alto grau de carisma acústico: 93,5 pontos. Jobs era considerado por muitos um grande orador, capaz de eletrizar plateias. Já a avaliação da voz de Mark Zuckerberg, do Facebook, conhecido por seu padrão monótono, alcançou apenas 52 pontos. Oliver partiu, então, para a segunda parte de seu experimento: utilizou duas vozes parecidas com as dos dois e colocou num aplicativo do tipo GPS, para orientar motoristas em determinado percurso. Todos os motoristas conheciam o caminho, porém foram orientados propositadamente de modo errado. O pesquisador queria saber qual tipo de voz poderia "enganar" por mais tempo. Quando a voz era a parecida com a de menor pontuação, as pessoas paravam, em 50% dos casos, já na primeira instrução. Porém, quando a voz que dava a instrução errada era a de pontuação alta, as pessoas demoravam mais tempo para mudar o trajeto, e 26,5% delas sequer paravam de seguir o caminho errado. Quando questionadas, afirmavam que sabiam que o caminho era outro, mas acreditavam que o dispositivo estava propondo um caminho alternativo melhor, sem trânsito. Veja que forte! Uma voz carismática tem o poder de nos conduzir... e de nos enganar! Estamos falando de uma ferramenta poderosa, especialmente porque se trata de provocar uma reação absolutamente intuitiva.

Bem, o que mais nos interessa e que pode nos ajudar a desenvolver o nosso carisma é o fato de que, de todos os dezesseis parâmetros estudados, a extensão vocal foi a mais determinante para o resultado obtido. Extensão vocal é o número de notas que conseguimos produzir, da mais grave à mais aguda. Tem a ver, fisicamente, com a flexibilidade dos músculos do nosso aparelho fonador, região que vai de nossa boca à nossa laringe, o tubo localizado no pescoço, onde estão as cordas vocais. Essa musculatura pode ser trabalhada para manter-se descontraída e permitir que possamos produzir mais variações de tom, aumentando a nossa extensão vocal e desenvolvendo, assim, mais carisma acústico. Agora, além do aspecto físico, uma maior extensão vocal tem a ver com estarmos efetivamente envolvidos com aquilo que falamos, demonstrando convicção e desejo genuino de interação com o outro. E isso, se quisermos, está efetivamente ao alcance de todos nós! Vamos melhorar o nosso carisma?

## dicas

*Naquele momento importante, capriche nos recursos vocais:*

- *utilize volume de voz adequado ao seu conforto e ao alcance que pretende ter*
- *capriche na articulação dos sons, nos movimentos de sua boca. Eles devem ser amplos e precisos! Articulação constrói percepção de credibilidade, algo fundamental na nossa vida pessoal, e profissional mais ainda*
- *evite a monotonia, enfatizando e destacando as palavras mais importantes*
- *valorize as pausas no discurso. Elas são didáticas, permitem interação e podem ter efeito expressivo, colocando como um holofote sobre a informação seguinte. Cuide para que elas sejam plenas, silenciosas.*
- *varie a curva melódica, modulando a fala de acordo com a sua intenção em cada trecho*
- *projete bem a sua voz, falando com envolvimento, entusiasmo e convicção.*

# mozart × beethoven

**A** forma como a música afeta nosso cérebro tem muito a nos ensinar sobre comunicação verbal e recursos vocais. Uma comparação interessante já é clássica: Mozart versus Beethoven. Para se certificar do que será dito em seguida, procure ouvir ao menos um trecho de peças consagradas desses autores. Uma sugestão é o segundo movimento do "Concerto para Piano nº 21" de Mozart e o primeiro movimento do "Concerto para Piano nº 5" de Beethoven. Possivelmente, a peça de Mozart vai levar o ouvinte para bem próximo do Nirvana, tamanha a harmonia da melodia e da orquestração. Já a peça de Beethoven não é recomendável para pessoas ansiosas ou com dificuldades para dormir.

O que a música erudita nos ensina por meio desse comparativo é que o som, seja de instrumentos ou da voz humana, fala diretamente às áreas não cognitivas de nosso cérebro, o sistema 1 de Daniel Kahneman, o cérebro emocional e instintivo. Mozart nos relaxa e nos faz sentir leves e cheios de esperança, enquanto Beethoven nos sugere emoções conflituosas, imprevisiveis, impulsivas. Tudo isso, sem palavras, apenas com sons abstratos.

Isso significa que recursos vocais são muito importantes para transmitir a mensagem de forma correta. A morte de um líder carismático deve ser comunicada em tom sombrio, transmitindo a ideia de que o comunicador está tão pesaroso quanto o público naquele momento. Um bom exemplo, retratado recentemente no cinema, foi a cobertura da morte de Tancredo Neves, em 1985. Sem assumir um tom dramático, muitos repórteres se destacaram pela precisão sóbria da cobertura e emocionaram os telespectadores com essa postura ao mesmo tempo discreta e marcante. Em momentos assim, um tom de voz menos solene pode ser facilmente confundido com desrespeito ou até chacota pelo público, ainda que de forma relativamente inconsciente. Essa é a lição que comunicadores podem aprender com Mozart: serenidade, elegância, correção absoluta na forma de expressão. Tudo isso também é capaz de emocionar se bem empregado.

No rádio, o poder dos recursos vocais é quase óbvio. Um exemplo, clássico dos anos 1970, era o radialista Gil Gomes, com suas reportagens policiais. Como Beethoven, ele sempre nos surpreendia. Ainda que utilizasse muitas vezes o mesmo recurso, o que prendia o público era aquela pergunta cerebral recorrente: "O que ele vai fazer agora?". Os concertos de Beethoven são assim, sempre cheios de mudanças súbitas de entonação, ritmo e recursos orquestrais. Entrevistas com figuras como Clarice Lispector, Salvador Dalí ou mesmo a economista Maria da Conceição Tavares sempre foram assim. O interesse do público era pelo inesperado. Isso também acontece com os narradores de partidas de futebol: eles alternam continuamente o ritmo e a entonação de sua narração em função do que está se passando na partida.

Portanto, na transmissão de conteúdos menos solenes e de caráter mais informal, é importante a alternância: tom, velocidade, entonação, surpresa. Não se espera de um comunicador que seja, a cada vez, uma pessoa diferente em termos do uso de recursos vocais, pois isso poderia comprometer sua identidade. Mas, diante de um conjunto desses elementos, algumas mudanças bruscas são fundamentais para manter o interesse do público. Não é à toa que Beethoven criou, como um recurso sonoro musical, o *subito piano*: acordes agitados, tensos e cheios de expressão passional são substituídos de repente por compassos suaves, melódicos, sonhadores.

## dicas

*O cérebro não analisa em separado os diversos estímulos sensoriais que recebe no processo de comunicação. Na tentativa de entender o mundo ao nosso redor, ele mistura todos esses elementos. Alguns, mais salientes (isto é, considerados relevantes do ponto de vista cerebral), são analisados com mais atenção, enquanto outros podem ser quase completamente ignorados. Na TV, via de regra, recursos vocais precisam estar em linha com os visuais e outros recursos não verbais. O conflito entre elementos diferentes pode prejudicar seriamente a comunicação. Mas também é possível disfarçar algo que, em princípio, não esteja na condição ideal. Assim, uma apresentadora como Hebe Camargo não tinha a melhor das dicções, mas sua expressão facial transmitia tamanha simpatia e otimismo que seu maxilar meio rígido acabava se tornando muito menos importante para o público. Mantendo a analogia musical, os recursos verbais são apenas um dos instrumentos soando em meio a um conjunto mais amplo. Mas o cérebro é um órgão multissensorial e tende a combinar todos os estímulos que recebe na tentativa de interpretar o conteúdo da mensagem. Recursos vocais precisam, em suma, ser adequados ao contexto e estar em sintonia com os demais elementos da comunicação.*

## parte 3

### cloud: a incerteza

capítulo 15

# COMO FALAR EM PÚBLICO

Naquela palestra para estudantes de jornalismo, algo não estava funcionando. Aqueles jovens em torno de 20 anos chegaram cheios de expectativa para ouvir um repórter experiente, ex-correspondente e apresentador de TV. No caso, eu. Mas, depois de meia hora de papo, o brilho nos olhos deles tinha diminuído muito.

Tentei contar algumas histórias, usar a tática da autodepreciação, mas nada funcionava. Quem já fez maionese caseira sabe: depois que desanda, não tem jeito. Tem que jogar tudo fora e começar de novo.

A falha, claro, era totalmente minha. Relaxei por saber que falaria de um assunto que entendo como ninguém: minha carreira. E achei que a plateia seria amigável, mas, por um erro primário, esqueci que, do outro lado, haveria futuros jornalistas. Ou seja, um público questionador. A verdade é que não preparei a palestra. Não fiz uma estrutura, não preparei algumas histórias legais para contar, não deixei algumas piadas na manga para momentos difíceis, não bolei respostas para possíveis perguntas embaraçosas ou difíceis. Fui totalmente relapso. Afinal, o que poderia dar errado? Estaria falando da pessoa que mais conheço: eu. Grande erro! O pior que alguém pode cometer ao falar com outra pessoa, uma câmera ou uma plateia: dizer para si mesmo "deixa que eu mato no peito".

Talvez a pior imagem para se ver no rosto de uma plateia é a mistura de tédio e decepção. E ela estava ali, no rosto daqueles jovens. Isso me deixava perturbado, e a perturbação me fazia cometer erros básicos: comecei a gaguejar, falar frases longas que, na metade, perdiam todo o sentido. Aquilo não iria acabar bem.

Até hoje ainda tenho dúvidas sobre qual é o público mais difícil: aquele que admira o palestrante, aquele que ignora quem ele é ou aquele que duvida do que ele fala. São desafios diferentes: o público que ignora o palestrante (não sabe direito quem ele é ou o que tem a falar) pode ser comparado a uma tela em branco. Pode ser conquistado ou não, dependendo da habilidade do palestrante. O que duvida do que ele fala é o mais desafiador: questionará tudo o que o palestrante disser e poderá lançar vaias ou coisa pior em direção ao palco. O público que admira o palestrante pode parecer o mais fácil de ser conquistado, mas é o que está mais cheio de expectativas; por isso, o risco de decepcioná-lo é grande.

Por incrível que pareça, falar em público não é a pior experiência do mundo. A maioria das pessoas acha que é, mas — garanto! — não é. Os maiores desafios não estão no meio daquela multidão; estão dentro de nós mesmos.

Chris Anderson conta que não há uma receita para todos os palestrantes. No livro *TED Talks: o guia oficial do TED para falar em público*, ele conta que alguns palestrantes são treinados durante seis meses para falar, no máximo, dezessete minutos. Demora, dá trabalho, mas não há quem não consiga.

Se não há uma receita, há pelo menos um ingrediente presente em qualquer receita para falar em público: preparação. É como um risoto. Tem risoto de camarão, de cogumelo, de açafrão. Cada um tem um ingrediente que se destaca, mas em nenhum deles pode faltar arroz.

A preparação não difere muito da que precisa ser feita para qualquer outra ocasião a fim de expor nossas ideias. Para uma palestra, por exemplo, necessitamos, basicamente, do seguinte:

- **Uma estrutura lógica e interessante.** Temos que pensar bem como vamos começar, como vamos desenvolver o assunto e como fazemos para encerrar.
- **A abertura é essencial.** É como um anzol na pescaria. O público é seu peixe. Ninguém entra na água e amarra o peixe com a linha de pesca. É preciso ter uma isca que ele morda. Uma abertura chata e desinteressante faz o público perder o interesse e, quando isso acontece, é difícil retomar a atenção.

No livro *101 Ways to Open a Speech* (101 maneiras de abrir um discurso, em tradução livre), Brad Phillips dá um exemplo disso logo no começo. Ele abre o livro escrevendo: "Olá. Meu nome é Brad Phillips e eu estou realmente empolgado em escrever este livro. Eu sou um treinador de apresentações por mais de dez anos e trabalhei com dezenas de palestrantes no esforço de ajudá-los a melhorar a efetividade dos seus discursos". Antes que o leitor feche o livro, ele mesmo alerta: esse é um começo muito chato, apesar de ser usado por 95% dos palestrantes. Em seguida, Phillips escreve uma segunda introdução, começando com a seguinte pergunta: "Pode a sua audiência formar uma impressão precisa de quem você é em apenas dois segundos?". Ninguém larga o livro enquanto não achar uma resposta... O motivo é que, em vez de falar de si mesmo, Phillips fala da grande preocupação de quem está lendo: como ganhar a plateia nos dois primeiros segundos da apresentação.

Há dezenas de maneiras de abrir uma apresentação e nem sempre é fácil encontrar a melhor. Uma pergunta que desperte curiosidade é uma fórmula certeira, mas há centenas de outras. Phillips dá uma dica: "Pergunte-se a si mesmo qual o seu 'objeto mais brilhante' – aquela ideia, mais do que qualquer outra – que você quer que sua audiência guarde do tempo que estará com você. A sua resposta deverá estar refletida na sua abertura".

Eu provavelmente abri aquela palestra tentando impressionar a plateia, contando o meu currículo: "Bom dia. Meu nome é Roberto Kovalick. Sou jornalista há trinta anos e fui correspondente durante dez anos em três países". Chato e recheado de vaidade. Para aquela plateia cheia de jovens sonhadores e preocupados com o futuro, eu deveria ter aberto minha palestra dizendo: "Trinta anos atrás eu era um de vocês. Olhava os desafios à minha frente e me perguntava: será que vou conseguir um emprego? Será que vou fazer grandes coberturas jornalísticas? Será que vou conseguir fazer a diferença no mundo com a minha profissão?".

Naquele dia, aprendi uma lição. Apesar de o tema da palestra ser sobre a minha carreira, eu não deveria falar sobre mim, mas sobre eles. As minhas histórias não deveriam ser apenas curiosas ou encantadoras do meu ponto de vista, mas deveriam responder os grandes anseios daqueles estudantes prestes a se formar. Esse era o meu objeto mais brilhante, e isso deveria estar refletido na minha abertura.

- Tenha piadas na manga. Elas funcionam para ganhar a plateia e para superar momentos de nervosismo.
- Ache um bom encerramento, de preferência inspirador. Algo que as pessoas levem dali como mensagem ou que as faça sair dali pensando. É mais ou menos como na abertura. Busque algo que tenha repercussão na vida dos ouvintes. Ou pode ser a resposta para a pergunta que você lançou na abertura.

- Conte histórias que viveu. Tem que ser histórias verdadeiras. Nesse aspecto, a experiência ajuda. Obviamente, quanto mais histórias você viveu, mais terá para contar. Porém, todo mundo tem histórias. Você pode inserir histórias de outras pessoas, mas use as suas. Busque na memória. Outra dica: quando passar por uma situação curiosa, inspiradora, procure escrever sobre ela. Um dia, ela será muito útil.

Foi o que me salvou aquele dia. Eu tinha acabado de voltar da cobertura do rompimento da barragem de Brumadinho, em Minas Gerais. Um estudante perguntou: "Como foi trabalhar no meio daquele sofrimento? Como manter a calma e o foco vendo gente morta e famílias desesperadas?".

Naquele momento, senti como se meu anjo da guarda tivesse acordado de um longo sono e soprado no meu ouvido: "Não fale de você, fale do que você viu".

E o que eu vi, além de sofrimento, foram cenas de abnegação e heroísmo, principalmente dos bombeiros de Minas Gerais e de outros estados. Descrevi para os estudantes como eles entravam no meio do barro imundo, arriscando a vida de inúmeras maneiras (acidentes, doenças) para tentar encontrar sobreviventes enquanto era possível ou ainda dar uma satisfação às famílias quando as chances de encontrar alguém com vida já não existiam mais. E contei que, apesar da falta de descanso, de comida, muitas vezes de água, e diante de todo aquele sofrimento, eles nunca se deixavam abalar, nunca perdiam a esperança. A imagem que mais me marcou não foi dos mortos, dos pedaços de corpos ou do imenso lamaçal. Mas os rostos dos bombeiros. Mesmo com a face muitas vezes coberta de lama, dava para ver uma expressão de tranquilidade de espírito que, muitas vezes, me fazia lembrar os rostos de alguns mártires que estão em altares de igrejas. Aquela sensação de dever cumprido, de que – no meio das provações e martírios – a vida deles fazia sentido.

Não me lembro de quem fez a pergunta, mas sou agradecido até hoje. Esse aluno me salvou da minha falta de preparação e me ajudou a fazer uma reflexão com os demais estudantes. Todos sairam dali pensando no que fariam com sua vida a partir daquele momento. Principalmente eu.

# FALAR EM PÚBLICO
# – AI, QUE MEDO!

Imagine a seguinte situação: você está no centro do palco, de frente para uma plateia de duzentas pessoas compenetradas e atentas, quando advém o silêncio total após alguém te apresentar e anunciar a sua palestra. Agora é com você! Só de pensar, parece que já dá para sentir o friozinho na barriga, o suor escorrendo, a voz saindo trêmula, denunciando o desconforto, o nervosismo. Falar em público não é confortável para ninguém! Aliás, uma pesquisa internacional apontou o medo de falar em público como o segundo medo mais frequente no mundo. Só perde para o medo de morrer. Por que será que isso acontece? Falar em público nos coloca em duas condições difíceis: em primeiro lugar, ficamos absolutamente em evidência, totalmente expostos. Todas as atenções estão sobre nós. Em segundo lugar, estamos sendo avaliados. Atrair os holofotes e ainda se submeter a uma "nota", mexe com qualquer um dos mortais, sem dúvida! Porém, muitas vezes teremos que nos confrontar com esse tipo de situação. Falar em público representa também uma ótima oportunidade de nos tornarmos conhecidos, de apresentarmos nossas ideias, nosso trabalho. Hoje não dá mais para nos escondermos, para evitarmos esse tipo de situação, que também propicia inúmeras vantagens.

Vamos, então, procurar tirar proveito e obter o melhor resultado. A primeira coisa que devemos pensar é que não estamos sozinhos. Essa ansiedade é natural, é frequente e tem o lado bom de nos manter mais atentos, com as percepções aguçadas e a memória mais afiada. Mas também com as pernas bambas, com certa taquicardia, com sudorese intensa. O estresse da fala em público atinge nosso sistema límbico, parte do sistema nervoso que não obedece ao nosso comando. Portanto, não adianta tentar lutar contra esses efeitos! Aceite que essas reações são naturais e siga adiante. Depois da "descarga inicial" do sistema

# 196 • seja inesquecível

limbico, o nosso córtex cerebral é acionado e aqui a coisa pode mudar de figura. É aí que acontece a fase de interpretação – e essa depende da nossa vontade! Se ao me sentir tensa eu interpretar a situação como de ameaça, a tendência é que os sintomas negativos se evidenciem. A voz vai tremer, vou parecer confusa... e todos vão perceber! Se eu interpretar a situação como um desafio, e a minha reação como normal, considerando que estou bem preparada, a tendência será de eliminação gradativa dos sintomas, já que o córtex cerebral atua sobre o sistema limbico, interrompendo o processo. Interessante, não é? Agora, não adianta querer me sentir no controle da situação se não houver uma ótima preparação anterior. A história do Kovalick nos mostra claramente a importância desse cuidado. Toda situação de exposição em público deve ser cuidadosamente organizada. É fundamental eleger o tema, as mensagens principais, considerar o nosso público, adequar a linguagem, buscar exemplos e *cases* para ilustrar, preparar um bom material audiovisual, estudar e dominar o conteúdo, assim como os pontos fortes e fracos do discurso e da minha comunicação. Lembre-se de que ninguém vai assistir a uma palestra por causa dos belos olhos do palestrante... Assim, pense que você deve embalar as suas mensagens de modo a deixar claros os benefícios que o outro terá ao ouvi-lo. Sem dúvida, quanto mais me preparo, melhor lido com a situação de exposição.

# dicas

Atente para a sua respiração logo antes de ir falar. Solte o ar, contraindo o diafragma, inspire profundamente e repita duas, três vezes. Alongue-se! Rode os ombros para trás, movimente a cabeça para os lados, para a frente. Solte o rosto, abra e feche a boca, os olhos. Espreguice-se! Leve um bom copo de água e tome pequenos goles durante a apresentação. Além de se manter bem hidratado, já que a adrenalina resseca a garganta e o ar-condicionado também, deglutir relaxa a laringe. Capriche na abertura da boca ao falar, articule bem, passando a ideia de segurança e domínio da situação. A plateia saberá identificar esses sinais, reagirá positivamente, ouvindo com atenção e respeito, e esse retorno lhe dará mais e mais segurança. Aí, é só agradecer os aplausos finais e se sentir feliz pelo seu bom desempenho!

Então:

- Lance perguntas, mesmo sem esperar respostas. É uma forma interessante de o outro se conectar;
- Mostre algo de efeito, de impacto. Pode ser um objeto, uma imagem diferente;
- Mostre claramente os benefícios que o outro terá. As pessoas nos ouvem quando entendem que o que dizemos pode impactar suas vidas;
- Conte uma história. Elas atingem diretamente o coração, e as pessoas se abrem para acolher;
- Solicite a participação ativa do público. Peça algo prático a eles;
- Comece e/ou termine sua apresentação com citações de quem é referência. É como se alguém relevante endossasse o que você diz;
- Coloque-se pessoalmente nas informações. Use "eu sinto que...", "essa informação mexe comigo porque..." – são formas interessantes de humanizar a sua fala e gerar aproximação;
- Planeje, prepare, treine, execute e aprimore! A cada apresentação, avalie o que foi bom, identifique pontos de melhoria e reflita: o que eu posso fazer diferente da próxima vez para ter melhores resultados? Foco no futuro!

# O instrumentista e a orquestra, focar e ignorar

Falar em público é um desafio em diversos sentidos. Talvez o mais dramático seja focar nossa atenção sobre nós mesmos e sobre o que está ao nosso redor.

Uma lição útil pode ser encontrada na relação entre cada instrumentista e a orquestra toda durante a execução de uma sinfonia, por exemplo. De um lado, o instrumentista precisa estar muito atento ao contexto. Isso também é válido para alguém que vá falar em público. Afinal, o momento da "entrada" não pode ser ao acaso. Cada instrumento tem "algo a dizer", mas é necessário que seja no tempo certo. Uma cobertura ao vivo leva esse elemento ao nível mais extremo.

Além disso, em muitos casos, há o chamado contraponto, quando o instrumentista está executando uma linha melódica diferente do conjunto da orquestra ou diferente de outro instrumento que está sendo tocado ao mesmo tempo. Isso exige do músico um grande esforço de concentração. Para cada instrumentista, é preciso estar atento ao contexto, mas, ao mesmo tempo, é necessário ignorar de certa forma os detalhes do que está ouvindo para não confundir sua melodia com as que estão sendo executadas por outros músicos. Algo parecido ocorre quando estamos ao telefone com a TV ligada. Se focarmos na mensagem de um, tiramos o foco da mensagem de outro. Ou seja, tudo se passa como se a mensagem que devemos ignorar fosse apenas um ruído que precisa ser relativamente ignorado. E o grande drama está exatamente nesse elemento relativo.

Estar atento ao contexto, ao conteúdo do que estamos falando e, ao mesmo tempo, tirar a atenção dos ruídos é um exercício e tanto para o cérebro. Boas lições podem ser obtidas estudando o mecanismo de atenção visual. Quando escrevemos no computador, por exemplo, nosso foco está no cursor e tudo ao redor está meio nublado ou desfocado. Mas, caso um *pop-up* surja no canto da tela, seremos capazes de desviar o olhar por alguns instantes e, quem sabe, ignorar a mensagem sem perder o fio da meada do texto. Estávamos relativamente desatentos aos cantos da tela, mas não totalmente.

Estudos realizados na escola de Medicina da Universidade de Washington, em St. Louis, pelos pesquisadores Amy Daitch e John Gaspar revelam que a atenção é uma mistura da capacidade de focar com a de ignorar e que ambas são igualmente importantes. A questão que se coloca é: como podemos aumentar nossa capacidade de prestar atenção e ignorar e utilizá-la ao falar em público? Considerando o conceito de neuroplasticidade, só há uma resposta: evitando dia a dia a dispersão. Não é uma tarefa fácil, mas é necessária. Assistir à TV com o celular na mão, responder e-mails e mensagens de WhatsApp ao mesmo tempo ou aproveitar o sinal fechado no trânsito para verificar o que acontece nas redes sociais contribui para desconectar as áreas cerebrais relativas à visão, audição, cognição, movimento do corpo, entre outras capacidades. E, o que os estudos da Universidade de Washington sugerem é que a atenção (focar e ignorar ao mesmo tempo) é um estado mental que envolve a sincronização de diversas áreas do cérebro. Dar a mesma atenção a várias coisas ao mesmo tempo habitualmente é tudo o que precisamos evitar, pois isso dá ao cérebro o estímulo contrário, o da incapacidade de focar seletivamente.

Diante de tantos estímulos à dispersão, não é à toa que a habilidade de falar em público e neutralizar ruídos de toda espécie seja tão rara.

capítulo 16

# eliminando os ruídos

Foi o acidente que quase botou fim na minha carreira. Era um domingão no Rio de Janeiro. Eu estava em casa e resolvi fazer um carinho no meu cachorro, um lindo e companheiro Bearded Collie chamado Zico. Passei a mão na pata traseira dele, sem saber que ele sofria de uma doença chamada displasia óssea. Devo ter provocado uma imensa dor no Zico. Ele se virou e abocanhou a primeira coisa que estava à sua frente: o meu rosto. Um dente acertou meu olho, que começou a sangrar. Minha sogra me levou correndo para o hospital mais próximo. Como era domingo, não havia nenhum cirurgião-plástico de plantão na emergência. Uma enfermeira me disse que estavam providenciando um cirurgião.

Por incrível que pareça, a possibilidade de ficar cego de um olho não era o que mais me apavorava, nem o fato de estar banhado em sangue, que saiu de meu olho e de um rasgão perto da orelha. O que me apavorava era minha carreira. Meu trabalho é ser jornalista de TV, é assim que pago os boletos no começo do mês. Como poderia continuar aparecendo sem um olho?

Enquanto esperava o médico, fiquei avaliando minhas possibilidades: um olho de vidro não parecia má ideia, desde que fosse bem-feito.

Finalmente o médico chegou, o que me deixou um tanto preocupado: a cara vermelha e a barba por fazer denunciavam que atrapalhei o domingão dele na praia ou num churrasco à beira da piscina. Ao analisar meu olho, ele me deu o primeiro diagnóstico com um sotaque carioca carregado. Lembro-me da frase até hoje com todos os "esses" parecendo "x", "erres" espichados e excesso de vogais:

- E, aí, a sorrrrrte é que não pegou na exxxxxxclera.

Até hoje não sei direito o que é a esclera, mas aquilo parecia uma boa notícia.

Imediatamente, os enfermeiros me botaram para dormir e me levaram para a sala de cirurgia.

Depois de acordar, fiquei duas semanas sem querer ver meu rosto no espelho. Tinha medo de que minha carreira tivesse acabado naquele acidente bobo com um cachorro.

Ao ir à primeira consulta após a cirurgia, vi meu rosto pela primeira vez e comecei a chorar. O lado direito estava retalhado. Eu parecia o Harvey Dent, Duas-Caras, inimigo do Batman. O médico me acalmou e disse que meu rosto iria voltar ao normal em mais duas semanas.

Foi o que aconteceu. Duas semanas depois, mal dava para ver a cicatriz na pálpebra direita, muito menos a do rasgão perto da orelha.

Agradeci a Deus (e ao médico) e voltei para o meu trabalho. Só que, na primeira reportagem, o editor detectou um problema: meu olho direito ainda estava muito vermelho. Quando as pessoas conversavam comigo, mal notavam, mas, no vídeo, eu parecia um vampiro no meio da transformação. Ou seja, do lado direito era vampiro; do lado esquerdo, um ser vivo. Eu me lembro até hoje dessa reportagem: eu estava em frente ao Congresso, em Brasília. Nem o cinegrafista percebia. Dava para ver o olho vermelho, mas nada que chamasse atenção. No vídeo, estava horrível.

A reportagem não foi ao ar, e fiquei mais duas semanas fora do vídeo por causa daquele olho vermelho. Parece um problema menor, mas é um ruído que atrapalha a comunicação. Ninguém conseguiria prestar atenção no que eu estava dizendo.

O motivo é que nos distraimos facilmente com qualquer coisa que fuja ao esperado: gestos, brincos, roupas, um pedaço de salada no dente, cabelo mal cortado ou um olho vermelho. Tudo pode servir para que a mente do nosso interlocutor (telespectador, no caso de um repórter de TV) viaje e ele perca totalmente a atenção no que estamos dizendo. Parece que ficamos surdos ou cegos. E ficamos mesmo.

A pesquisadora israelense Nilli Lavie, diretora do Laboratório de Controle Cognitivo e Atenção da University College de Londres, estuda déficit de atenção e outros problemas e situações ligadas à concentração. Ela já prestou consultoria para a Toyota, para ajudar a criar sistemas que aumentem a atenção dos motoristas. Trabalhou também para a Agência Espacial Europeia e para o Centro Estatal de Treinamento de Cosmonautas, da Rússia. Nessas duas agências espaciais, ela foi encarregada de criar baterias de testes para verificar a atenção, a sobrecarga e a fadiga dos homens e mulheres que vão para o espaço.

Seguidamente, Lavie aparece na imprensa britânica porque seus testes de laboratório conseguem respostas inusitadas e revolucionárias para algumas situações intrigantes ou irritantes do nosso cotidiano. Uma de suas reportagens com mais repercussão foi: "Por que os adolescentes não ouvem os pais quando estão concentrados num *game*?". Nilli reuniu treze voluntários e examinou o funcionamento do cérebro deles usando um magneto-encefalograma, um aparelho que mapeia as ondas cerebrais. Eles foram colocados na frente de uma tela. Ao verem as letras X e Z, deveriam pressionar uma tecla. Durante os testes, eles ouviram alguns sons. O magneto-encefalograma mostrou que, quando os voluntários se concentraram numa tarefa visual que exige muito do cérebro, a resposta deles aos sons era significativamente reduzida. Em um dos testes, os participantes tinham que avisar quando ouvissem os sons. Várias vezes falharam. Ou seja, não ouviram nada, apesar de os sons serem altos e claros. A pesquisa levou Nilli e sua equipe a identificarem o que chamaram de "surdez involuntária". Por isso, se você tiver filhos, não precisa botá-los de castigo por supostamente fingirem que não ouvem você. Em muitas ocasiões, quando estão submetidos a qualquer carga visual elevada, eles não ouvem mesmo.

A professora Nilli Lavie fez outro teste interessante: propôs que os voluntários olhassem para uma tela, onde apareciam algumas letras. Quando aparecessem as letras Z e N, eles deveriam apertar um botão. Muito fácil, né? Porém, muitas vezes, quando apareciam as letras Z e N, surgiam também figuras que não tinham nada a ver com o teste, como imagens do Bob Esponja. Quando o Bob Esponja aparecia, a velocidade com que os voluntários achavam as letras era 10% menor.

As pesquisas de Nilli a levaram a criar o que ela chamou de teoria da carga de atenção, controle de cognição e processamento de informação, que é usada em muitas áreas, inclusive na pesquisa sobre déficit de atenção em estudantes.

A teoria da carga traz várias conclusões:

- O cérebro tem uma capacidade limitada de processamento.
- O cérebro processa automaticamente. Uma vez que começou a processar informações, a gente não consegue pará-lo.
- O cérebro vai processar todas as informações que puder. Tudo que puder ser percebido (dentro da capacidade limitada de processamento) será processado.

- Distrações irrelevantes, que as pessoas tentam ignorar, interferem no processo de pensar e no resultado da tarefa principal a que nos propomos. É o caso do teste com o Bob Esponja.
- Quando submetemos o cérebro à baixa carga de estímulos, ele tem total percepção, incluindo tudo o que possa distraí-lo. Um exemplo é dirigir. Algo que fazemos automaticamente. Qualquer coisa que fuja do comum nos distrai e pode provocar um acidente. Estudos americanos mostram que a maioria dos acidentes é provocada por distrações externas, uma placa, um pedestre, uma loja.
- Quando submetemos o cérebro a uma alta carga de estímulos, toda a nossa capacidade de processamento fica ocupada. Ficamos cegos ou surdos involuntariamente.

Portanto, não é perda de tempo dar uma boa olhada no espelho antes de falar numa reunião, numa entrevista de emprego, numa palestra, numa reportagem ou no primeiro jantar romântico com a pessoa que desejamos. Claro que, nesse último caso, o cérebro da pessoa pode estar submetido a uma carga tão alta de estímulos (a paixão, o desejo) que não consegue enxergar aquele pedaço de alface preso no dente. Mas é melhor não arriscar.

Então, nessa olhada no espelho, algumas coisas precisam ser cuidadas. O bom senso é um guia seguro; mesmo assim, aí vão algumas dicas:
- Esteja vestido de acordo com o ambiente. A regra é clara, como diria o Arnaldo César Coelho: ninguém vai à piscina de smoking, nem de sunga de banho num jantar de gala. A não ser que a pessoa queira provocar choque e virar o centro das atenções. Geralmente, não é o caso. Uma roupa inadequada também provoca outro problema na hora de vender nossas ideias: ela nos deixa inseguros. Lembre-se: o nosso cérebro tem uma limitada capacidade de processamento. Se passarmos o tempo todo pensando "Nossa! Que roupa horrível eu escolhi", tiramos o cérebro do foco principal, que é transmitir a mensagem.
- Também não é bom exagerar na elegância. Roupas sexy demais, *fashion* demais, podem distrair. A não ser que o público espere isso de você. Se você for conhecido por usar roupas *fashion*, use! Um bom exemplo disso são os executivos de empresas *hi-tech*, como Apple ou Facebook. Steve

Jobs estava sempre de camiseta, mesmo numa plateia de engravatados. Mark Zuckerberg também. É isso que o público espera deles: despojamento. Qualquer coisa diferente tiraria a atenção.

- Evite xadrez ou listras, ainda mais se for aparecer na TV. Listras verticais podem incomodar o olho. As horizontais e o xadrez provocam o que, em TV, chamamos de "batimento" — uma falta de sincronia na imagem. É difícil mostrar num livro, mas, da próxima vez que vir alguém usando xadrez ou listras bem fininhas na TV, repare que a roupa parece que fica pulando e tira completamente a atenção.

- Evite brincos e colares grandes demais, gravatas espalhafatosas, meias coloridas demais ou qualquer coisa que possa provocar um efeito meio hipnotizador. Vão funcionar como o Bob Esponja no teste da dra. Lavie. A não ser que este seja seu objetivo: desviar a atenção do público para aquele detalhe específico. É o que os mágicos fazem. Olhos arregalados, gestos exagerados e assistentes de palco bonitas distraem o público e fazem com que ele não perceba como eles fazem as mágicas.

Claro que o ruído não é apenas visual. Pode ser sonoro também. Um sotaque forte demais e deslocado do ambiente ou do tom de voz usado para passar a mensagem ou, ainda, o uso de palavrões ou gírias fora do contexto, piadas machistas, sexistas ou que causem desconforto... tudo isso é ruído e pode arruinar a exposição de suas ideias.

Um problema de voz ou de articulação das palavras também pode tirar a atenção, assim como a repetição de muletas verbais com "né". Já fizemos uma pequena lista do que deve ser evitado, então, o que deve ser feito? Nesse caso, vale a velha máxima "no equilíbrio está a virtude". A não ser que, como já dissemos, o público espere de você uma roupa ou um comportamento espalhafatoso.

Naquela olhada no espelho ou quando estiver passando mentalmente o seu discurso, outra regra pode ajudar: se estiver em dúvida, retire. Só mostre aos outros o que não provocar dúvidas em você.

A sobriedade com elegância, tanto na maneira de se vestir quanto de falar, dá certo sempre.

E é preciso sempre lembrar: qualquer coisa que possa atrapalhar a comunicação é ruído. E todo ruído deve ser eliminado.

# ruídos sonoros

## "10% dos conflitos são causados por diferença de opinião; 90% é devido ao tom de voz errado."

Dias atrás, recebi essa frase numa rede social. Achei o máximo e compartilhei! Os comentários foram retumbantes, e todos identificaram situações em que essa mensagem se aplica. O tom da voz usado é o grande responsável pelo acerto ou desacerto de uma boa comunicação – ou por provocar um ruído na hora errada.

Pessoas que têm problemas de comunicação sofrem e praticam mais violência. Esse é o resultado de vários artigos científicos que constataram relações significantes entre eles. Há inúmeros exemplos de uma comunicação violenta em nosso dia a dia e em nossas relações de trabalho (você já deve ter visto um chefe ou um colega que, apesar de muito bem qualificado, gritava ou aumentava o tom da voz em momentos decisivos para tentar "ganhar no grito"). Além disso, há situações já hostis de saída: relações de conflito, mensagens polêmicas, desagradáveis, difíceis de serem assimiladas e aceitas. Nesses casos, qualquer descuido pode colocar tudo a perder, e é assim que as desavenças se desenvolvem ou se perpetuam.

O dr. Marshall Rosenberg sabia bem o que é isso e fez questão de descrever suas experiências no livro *Comunicação não violenta*. Psicólogo americano, judeu, ele sofreu na pele as dificuldades de relações hostis e passou a se especializar em interações satisfatórias em situações de conflito. Segundo ele, quando "perdemos as estribeiras", geralmente reagimos de modo violento, agressivo; porém, a melhor saída seria respondermos conscientes e com atenção clara. Trata-se de trazermos para nós a responsabilidade e a autonomia das nossas ações! Tem a ver com a nossa capacidade de nos manter compassivos e de praticar a empatia para falar e ouvir o outro nesses momentos.

De maneira mais prática, ele propõe que, ao sermos confrontados por uma situação hostil, procuremos elaborar o nosso discurso baseado em quatro passos:

1. **Observação:** é importante descrever a ação que nos incomoda, de modo concreto, sem julgamento, sem avaliar o outro.
2. **Sentimento:** precisamos dizer como nos sentimos em relação ao fato que observamos.
3. **Necessidades:** situar quais necessidades, valores e desejos estão gerando nosso sentimento.
4. **Pedido:** a parte final da conversa consiste em pedirmos ao outro claramente a ação concreta que esperamos dele.

Por exemplo: se você está fazendo uma apresentação no palco e alguém o interrompe grosseiramente, é interessante evitar reagir de modo igualmente agressivo e organizar a sua fala mais ou menos assim:

"Percebo que a minha exposição sobre esse tema o incomoda muito **(observação)**. Eu me sinto descontente por não atender à sua expectativa **(sentimento)**. Quero muito que você me entenda e quero contribuir para que todos aqui se sintam impactados positivamente com a minha palestra **(necessidades)**. Você poderia, por favor, especificar quais são os pontos com os quais você discorda efetivamente? **(pedido)**."

Uau! Haja controle emocional! Porém, vale muito a pena. Uma colocação assim mostra claramente que você está no controle pleno da situação e, ao mesmo tempo, desarma a agressividade do seu interlocutor. Ponto para você!

Quando o Kovalick entrevista suas fontes, consegue extrair delas as melhores histórias. Isso com certeza tem muito a ver com o modo como ele aborda as pessoas. Ao falarmos, emitimos sinais que constroem percepção no nosso interlocutor. Ele registra sua impressão a nosso respeito ou a respeito do que dizemos, de modo inconsciente, e reage imediatamente. É dessa forma que um mesmo convite para uma festa, feito para uma pessoa e depois para outra, pode gerar vontade de ir ou a percepção de que o convite é por educação.

O tom da voz, de uma maneira geral, pode ser grave, agudo ou médio. Ele é influenciado por três dimensões, a física, a psicoemocional e a sociocultural, e

seu impacto é bem importante! Quando falamos mais grave, a percepção que construimos é de seriedade, firmeza, conhecimento, assertividade, dominio... o que, de modo exagerado, pode parecer imposição, falta de envolvimento, pouca emoção! O tom mais agudo passa a ideia de alegria, entusiasmo, dinamismo. Ou, quando excessivo, mostra imaturidade, pouco preparo, insegurança! Como sempre, o caminho do meio é o melhor. É esse caminho que o Kovalick utiliza.

No terreno dos "conflitos", muitas vezes um tom mais rude pode agredir, já um mais relaxado pode passar a impressão de desinteresse ou descaso; um mais forte pode se confundir com autoritarismo; se o volume for maior, então, a percepção pode ser de certa arrogância, de prepotência.

Agora, se a ideia é evitar conflitos, nada como buscarmos o tom do respeito, a suavidade que produz impacto de gentileza, o tom modulado que fala de emoção, a intensidade que remete a carinho. E, claro, o tom certo acompanhado do sorriso no rosto, do olho no olho, da maior proximidade, do contato harmônico, fala de amor! E com amor não há conflito.

## dicas

- Diálogos internos negativos produzem grande impacto na autoestima. Cuidado com o que você diz a si mesmo! Emoções pessimistas levam a ações malsucedidas.
- Diálogos internos positivos trazem grandes benefícios. Quando nos referimos a nós mesmos na terceira pessoa, criamos uma distância emocional que nos permite avaliar melhor a situação, principalmente os problemas.
- Falar sozinho em voz alta melhora a nossa memória. Além disso, é uma ótima maneira de você se manter presente no aqui e agora.

# O DEMÔNIO DA DISPERSÃO

**A** consciência é um dos mistérios mais insondáveis, tanto para a ciência quanto para a filosofia. Nosso "sentimento de nós mesmos" é algo que pode ou não ser consequência do funcionamento do cérebro. Mas onde exatamente ela está? Não há resposta para isso. No entanto, se é difícil localizar a consciência, é bem mais simples falar a respeito de seus atributos. Um deles é um estado de atenção, de foco. Prestar atenção em alguma coisa é, necessariamente, fazer uma escolha que, via de regra, é racional, voluntária e consciente. E o objeto dessa atenção pode ser, no mundo da comunicação, o conteúdo da mensagem que chega até nós ou que parte de nós. Essa escolha até parece fácil, mas colocá-la em prática é muito, muito difícil. E por um motivo simples: informações chegam até nós o tempo todo. E não se trata, aqui, de redes sociais e aplicativos de mensagens. A temperatura ambiente, o fragmento de conversa de dois passantes, o barulho dos carros na rua lá fora... Tudo isso conduz informações. Deixá-las de lado e focar um conteúdo específico exige habilidades cognitivas que são a cada dia mais raras.

O que ocorre é que as áreas cognitivas do cérebro humano são tão ou mais condicionáveis quanto as regiões correspondentes dos pobres ratos de laboratório. Nossa atenção pode ser tão condicionada quanto os reflexos dos animais de Skinner e Pavlov. Mas como?

O fato é que somos muito apegados à linguagem. Então, quando uma ideia lateral (fora de nosso foco) surge na mente, tudo se passa como se conversássemos com alguém. Algo assim: "Está calor aqui... Não ajustaram o ar-condicionado... Calor... Calor... Será que vai chover no final do dia? Chuva... Chuva... O trânsito vai estar péssimo! Trânsito... Trânsito... Melhor encerrar a palestra um pouco antes...". Nosso pré-frontal simplesmente adora esses encadeamentos: causa-consequência, enredos, raciocínios do tipo "se-então"; ele também julga, compara, corrige, analisa, analisa, analisa. Tudo muito bom; mas, quando fora de hora, é pura dispersão, ruídos mentais em resposta a ruídos vindos do mundo externo.

Essa sequência aparentemente aleatória de pensamentos não apenas tira nosso foco: ela consome energia e ocupa (literalmente) milhares de neurônios que deveriam estar trabalhando na tarefa que tínhamos escolhido como objeto de nossa atenção. Em outras palavras, dispersar é ocupar (literalmente) neurônios com tarefas cognitivas laterais. É claro que nossa eficácia, nossa performance e nosso processo-foco ficarão comprometidos.

Então, o melhor a fazer é aprender a não entrar nesse diálogo dispersivo. Podemos imaginar, só como forma de nos condicionar, que existe um "Demônio da dispersão" cujo objetivo é nos fazer perder o foco e, para isso, ele está sempre nos propondo diálogos laterais. Esse é um exercício fácil, quer dizer, pelo menos depois que aprendemos a identificar esse "Demônio".

Portanto, se estamos em um processo de comunicação, seja no polo ativo do emissor da mensagem, seja no polo passivo do receptor, quando surgir uma proposta de diálogo do tipo: "Está calor aqui, não é? Será que não ajustaram o ar-condicionado?", nossa atitude deve ser o silêncio mental. Quando muito, devemos responder: "Olá, 'Demônio da dispersão'... Sei que é você. Vou atendê-lo depois que terminar aqui!". Esse tipo de frase deve ser repetida como um mantra toda vez que pensamentos laterais ameaçarem iniciar um daqueles diálogos. Por mais simples e até engraçado que pareça, as consequências em termos da redução de ruídos mentais são incríveis. E por um fato simples: estaremos condicionando nosso cérebro como os ratinhos de Skinner e os cães de Pavlov; mas em um sentido muito mais complexo e com objetivos muito mais práticos do ponto de vista profissional.

capítulo 17

# como ter e organizar ideias

aio de 2016. O Brasil vivia um período destinado a figurar nos livros de História: o impeachment da presidente Dilma Rousseff. No dia em que ela foi definitivamente afastada, o *Jornal Nacional* preparou uma cobertura digna daquele episódio. Haveria reportagens longas, contando o que levou o país àquela situação e as perspectivas que se abriam ao Brasil.

A minha missão e da Cíntia era fazer uma reportagem mostrando a sequência de decisões que provocaram a crise econômica que o país enfrentava. Havia uma solução fácil e que funcionaria perfeitamente: pegar imagens de arquivo contando toda a história de decisões que culminaram na recessão econômica que o país enfrentava, como a queda forçada do preço da energia elétrica, do preço da gasolina, da taxa de juros, e chamar um economista para explicar como isso abalou a economia do país. Seria uma reportagem eficiente, mas esquecível. E queríamos fazer algo diferente.

A sugestão que recebemos foi incorporar à reportagem o comentarista Carlos Alberto Sardenberg e os gráficos que ele usa no *Jornal da Globo* para destrinchar os números econômicos. Foi um grande reforço da equipe. Sardenberg tem uma incrível capacidade de explicar qualquer coisa de forma simples. Talvez seja capaz de explicar física quântica para uma criança de 2 anos e deixá-la fascinada. Mesmo assim, queríamos ir além. Queríamos fazer uma reportagem memorável.

Economia é algo complicado de transformar em notícia compreensível e atraente. Embora as decisões econômicas afetem a vida de todos, as pessoas desligam o cérebro quando começa uma ladainha de números e conceitos aparentemente indecifráveis.

Na antevéspera do dia do impeachment, eu e Cíntia ficamos horas matutando, rabiscando ideias, e nada memorável surgia. Então, decidimos tomar um café e tentar refrescar as ideias. No caminho do restaurante, fizemos um desvio e percebemos algo precioso que estava lá todos os dias, bem na nossa cara.

Na frente da TV Globo, há um belo jardim com um caminho que se bifurca: do lado esquerdo, uma trilha plana, que segue para uma área linda de mesinhas, onde os funcionários costumam lanchar ou descansar. Em frente, há outra trilha, sinuosa, que segue ladeira abaixo em direção ao portão de saída. Pimba! A ideia veio na hora. Aquilo era o retrato do que aconteceu nos últimos anos no Brasil: o país vinha bem, crescendo; se tivéssemos feito a lição de casa, tomado as medidas econômicas certas, a situação seguiria estável. Mas o governo tomou decisões, no mínimo, discutíveis, e o país seguiu outro caminho, entrou em crise com milhões de desempregados e uma brutal recessão. A analogia perfeita estava bem à nossa frente.

Chamamos o resto da equipe escalada para fazer aquela matéria: Rodrigo Di Biase, o encarregado pelas artes, e o cinegrafista Willy Murara. Mostramos o caminho para eles e explicamos a ideia. Todo mundo comprou a proposta na hora. Faríamos toda a reportagem usando a analogia do caminho em frente à Globo, com artes para ilustrar os fatos que ocorreram nos anos anteriores ao impeachment. Quase não usaríamos imagens de arquivo. A única exceção seria bem no começo da reportagem, quando mostraríamos a consequência mais trágica da crise: as filas de desempregados. Alguém perguntou: e o Sardenberg com os gráficos? Rodrigo sugeriu que ele aparecesse em telas virtuais, que brotariam no meio do caminho, e explicaria com gráficos as consequências das decisões do governo. No fim do caminho, Sardenberg apareceria em carne e osso e subiríamos parte da trilha juntos, enquanto ele explicaria o que o Brasil precisava fazer para sair daquela crise. Outra metáfora perfeita: estávamos lá no fundo e daria trabalho subir aquela trilha sinuosa, mas, com esforço, conseguiríamos.

Quando encontramos Sardenberg, expliquei para ele as telas virtuais de uma maneira um tanto inusitada: "Imagina, Sardenberg, que você será um personagem que mistura o Mestre dos Magos, da *Caverna do Dragão* (porque surge toda hora no meio do caminho), com a princesa Leia, de *Star Wars*, na hora em que ela surge como holograma". Ele nos olhou com cara de que não estava nem entendendo nem acreditando no que estávamos propondo. Apesar da comparação bizarra, ele embarcou na história.

No dia do jornal, enquanto o nosso material era editado, percebemos que as outras reportagens eram bem mais sisudas, sérias, de acordo com o momento histórico que vivíamos. Foi batendo uma insegurança... Por volta de 19h30, a redação estava uma loucura. Todo mundo correndo para fechar suas reportagens especiais. Um ambiente tenso. Todos preocupados para não errar uma palavra, uma informação, uma imagem. No dia a dia, nós, jornalistas, odiamos errar ou dar uma informação imprecisa. Imagine num dia como aquele! Não tínhamos certeza se a ideia tinha ficado boa. Para nós, tinha, mas eu e Cíntia percebemos que aquilo que fizemos destoava de todo o jornal. Talvez um pouco demais... Começamos a achar que passamos do ponto. Pensamos em reeditar tudo, fazer do modo tradicional. Talvez desse tempo. Não! Não daria para fazer uma proposta dessas faltando tão pouco para começar o *Jornal Nacional*. Sardenberg também estava inseguro. Confessou mais tarde que decidiu assistir ao jornal na cafeteria da Globo, que fica perto da saída da emissora. Disse que, dependendo da reação das pessoas, escaparia para casa.

Fui embora antes de o jornal começar, mas fiquei preso no trânsito e, quando cheguei em casa, a reportagem tinha acabado de ir ao ar. Bom sinal. O fato de ter ido ao ar significava que alguém com mais bom senso do que nós tinha visto nosso trabalho e aprovado. Mas será que tinha ficado bom? Acho que fiquei alguns minutos sem respirar. Até que piscou um WhatsApp do William Bonner. No meio do jornal, ele mandou uma mensagem elogiando a reportagem. Em seguida, surgiram outras. Da direção, de colegas. Todos dizendo que tinham adorado a nossa iniciativa de fazer algo diferente.

No dia seguinte, mais boas notícias: uma consultoria financeira pediu para traduzir nossa reportagem para seus clientes internacionais e, assim, explicar o que estava acontecendo na economia brasileira. Mas o maior elogio veio da Leidy, a manicure da Cíntia. De manhã, Cíntia foi fazer as unhas e a manicure disse que não apenas gostou da reportagem, mas entendeu tudo. Esse foi o maior elogio. Trabalhamos para todos os públicos: para o analista da consultoria financeira, para o médico, o político, mas quando pessoas mais simples dizem que gostaram de uma reportagem de economia e entenderam... esse é o nosso maior prêmio.

Mas de onde tirar ideias? Até hoje me lembro de uma lição do professor de redação da minha escola. Ele dizia que o nosso cérebro é como um poço que precisa ser constantemente reabastecido, senão seca. Se a gente reabastecê-lo com frequência, terá um infindável suprimento de água. E de ideias. Por isso, a leitura é fundamental. Leitura de bons autores. Tanto do assunto que estamos tratando – no caso, era economia – como de romances, que são os mestres em contar histórias. Cinema, teatro e ópera também contribuem. Há um velho ditado que diz que não nascem rosas em pântanos. Se queremos escrever bem, temos que nos inspirar em quem escreve bem.

Outra dica é deixar a zona de conforto. Lembre-se: o nosso cérebro quer poupar energia, é preguiçoso. Por que se esforçar para fazer um prato caprichado se o feijão com arroz do dia a dia está bom? Mas não podemos nos conformar com a solução fácil. Os americanos têm uma expressão para isso: *extra mile*, ou ir uma milha além do que nos foi pedido. É como num restaurante: o cliente nunca mais vai voltar se o cozinheiro mandar para ele um prato diferente do que pediu; pode voltar se o prato que pediu estiver gostoso; vira freguês se o prato vier caprichado, inesquecível, se o chef oferecer mais do que ele pediu.

Em relação a ser ousado, é sempre um risco. A gente pode acertar de forma espetacular ou se arrebentar feio. Além disso, muita gente que nos cerca nem sempre entende ou quer aceitar ideias novas. Mas ousar é o único jeito de ser diferente, de ser marcante.

Também vale a pena observar as pessoas e os lugares que nos cercam, como no caso do caminho que inspirou a reportagem. Estar atento ao que nos cerca ajuda a desenvolver a sensibilidade para pegar as ideias na hora que elas surgem.

Steve Jobs, fundador da Apple e considerado um gênio criativo, dá a receita de forma certeira. Num artigo de 1995 para a revista *Wired*, ele escreveu: "Criatividade é só conectar coisas. Quando você pergunta para pessoas criativas como elas fizeram algo, elas se sentem um tanto culpadas porque, na verdade, não fizeram aquilo do zero. Elas foram capazes de conectar experiências que tiveram e sintetizá-las em coisas novas. E a razão por que elas foram capazes de fazer isso é que têm mais experiências ou pensaram mais sobre as suas experiências do que as outras pessoas".

Foi o que fizemos naquele dia diante daquele caminho: apenas conectamos coisas.

# CRIATIVIDADE AO NOSSO ALCANCE

**"A vida é fugaz. As ideias, a inspiração e o amor, duradouros".**
**Zoe Anderson**

Nossos jornalistas têm a cada dia uma missão bastante desafiadora. Num mundo cada vez mais conectado, repleto de estímulos e superdemandado, eles precisam competir e vencer esse conjunto de sinais do ambiente para serem percebidos, considerados, para ganharem efetivamente a atenção e o envolvimento do telespectador. É claro que esse desafio também é nosso a cada dia, também faz parte da nossa necessidade de sermos relevantes num mundo tão estimulante, com tanta competição pela nossa atenção.

Chris Anderson, presidente do TED, fez um experimento bastante curioso, que nos ajuda a compreender o que devemos fazer para ter êxito nessa empreitada. Interessado em analisar um grupo de palestras que tinha grande procura, muitas visualizações, ele resolveu pedir a um grupo que transcrevesse essas apresentações. Percebeu, então, que uma palestra de cerca de dezoito minutos de duração, ao ser transcrita, poderia ser lida em nove minutos. Pareceu-lhe uma baita economia de tempo! Veja só, se tenho dezoito minutos disponíveis para assistir a um TED, posso no mesmo intervalo de tempo ter acesso à leitura de dois TEDs transcritos. Parece muito bom, não é? Só que ele notou que, ao apenas lerem as transcrições, as pessoas não se interessavam tanto, não se sentiam tão impactadas como as que assistiam efetivamente às apresentações. E ele descreve, então, a conclusão de seu experimento numa única frase, que tenho buscado usar como um mantra da boa comunicação: "É a dimensão humana que transforma informação em inspiração!".

Esse é o nosso grande desafio. A informação propriamente dita está à disposição de qualquer um de nós, o tempo todo, por meio de vários recursos. Nossa missão é efetivamente nos destacar nesse mar de estímulos, ficar na memória do outro, e, para isso, precisamos inspirar. Foi o que o Kovalick e a Cintia conseguiram nessa reportagem: transformaram informação em inspiração e atingiram a todos de modo impactante, com todas as consequências citadas por eles.

Cabem aqui duas lições para nós. A primeira é a entrega. Tem a ver com a dedicação na busca, com as reflexões, com o tema estar no radar deles para que as conexões ocorressem. Tem a ver também com a maneira como o Kovalick e o Sardenberg se comunicaram. A gente percebe que eles compraram totalmente a ideia e a traduziram na reportagem por meio da voz entusiasmada, do brilho no olho, da expressão facial de envolvimento e de prazer em nos contar algo tão interessante. Comunicação eficaz gera conexão emocional!

A segunda lição é a da simplicidade. Quando estamos abertos para o novo, despidos do nosso ego vaidoso, conseguimos nos abrir para conexões originais, e tudo ao nosso redor começa a fazer sentido. Até o caminho sinuoso de todos os dias.

Veja agora como três autores nos trazem informações valiosas para essa busca. Alvaro Fernando, publicitário e autor do livro *Comunicação e persuasão: o poder do diálogo*, diz que a criação acontece quando misturamos o que há dentro de nós com o que está no nosso ambiente... como o Kovalick fez! Essa "mistura" se utiliza de quatro elementos: nossa percepção de mundo, nosso intelecto, nossa memória e a nossa essência, quem nós somos.

Já Daniel Goleman, o pai da inteligência emocional, em seu livro *Foco*, afirma que foco aberto e pensamentos livres são importantes para criar. Ele sugere que, nas atividades corriqueiras, como colar selos, por exemplo, devemos deixar a mente divagar. Agora, você sabia que também podemos divagar com foco? Isso nos ajuda a sermos ainda mais criativos, e conseguimos a partir de três etapas: orientação (olhar para tudo à nossa volta), atenção seletiva (foco no desafio) e entendimento (quando associamos as informações livremente para deixar que a solução apareça). Importante: para ter foco, precisamos silenciar nossas interrupções internas (mindfulness).

Quero também chamar a atenção para outro conceito: a importância do nosso ambiente e da qualidade das relações que estabelecemos com as pessoas que convivem conosco. Simon Sinek, autor do livro *Líderes se servem por último*, diz que nossa forma de atuação tem muito a ver com a biologia. Ele nos apresenta o conceito de "círculo de segurança": o líder tem o dever de criar um ambiente satisfatório de trabalho, onde as pessoas se sintam efetivamente seguras e apoiadas. Quando isso ocorre, os liderados nessa condição positiva secretam os hormônios do bem: endorfina, dopamina, serotonina e ocitocina. Envolvido por essas substâncias, o nosso cérebro nos faz sentir bem-estar, prazer, e, nesse estado, ficamos mais criativos. Quando, ao contrário, convivemos num ambiente árido, fora do "círculo de segurança", temos que gastar a nossa energia antes de tudo para nos proteger! Os hormônios secretados passam a ser adrenalina e cortisol. E aí, você já sabe: tensão, nervosismo, insegurança, estresse, ansiedade... E nesse clima, a criatividade vai embora.

Assim, busque estabelecer boas relações pessoais, traga para si a autonomia de se sentir no seu "círculo de segurança", voluntariamente, por meio de autoconhecimento e proatividade. E arrase por aí!

# a mente
# e o lego

deias novas são, na maioria das vezes, uma recomposição, um rearranjo de elementos velhos, montados de uma forma original. Conceitos, lembranças, referências e até medos são pequenas peças que podem ser remontadas infinitas vezes como um autêntico Lego mental. O desafio número um da originalidade está em reconhecer isso. Farinha, leite, ovos, açúcar e essência de baunilha podem ser combinados e recombinados pelos confeiteiros de modo a gerar um número imenso de receitas. Um dia alguém decidiu separar a clara da gema e surgiram outras inúmeras aplicações para esse ingrediente, o ovo, e várias novas receitas.

Há testes clássicos que visam identificar as áreas do cérebro associadas a essas recombinações. Um deles é o teste de pensamento divergente, que desafia pessoas a encontrarem novas aplicações para um conjunto de objetos comuns do cotidiano. O objetivo é avaliar nossa capacidade de formular diferentes soluções para um mesmo problema.

Artigo de autoria de Roger Beaty, publicado no site Neuroscience News, revela que o processo criativo envolve diferentes redes de impulsos que conectam várias áreas do cérebro. Em outras palavras, a criatividade exige que muitas áreas do cérebro estejam trabalhando conjuntamente.

O estudo identificou três dessas redes muito ativas durante os testes. A chamada "rede padrão" está associada a um tipo livre de pensamento, típico de alguém que caminha despreocupadamente em um parque. Isso significa que deixar o pensamento vagar às vezes pode ser muito útil para ter novas ideias e imaginar novas formas de montar nossos "Legos" do dia a dia.

Outra é a chamada "rede de controle executivo", destinada à avaliação funcional de novas ideias. É o velho senso crítico ou estético necessário para dizer, afinal, se aqueles pensamentos soltos poderão ser úteis, adequados ou agradáveis. Quando a rede de controle está ativa, em geral, ela inibe a rede padrão. É preciso parar de voar e aterrissar, afinal. Por fim, o estudo se refere à "rede de saliência", uma espécie de mecanismo de transição entre a rede padrão e a de controle executivo. O termo "saliente" se refere a aspectos que chamam nossa atenção dentro do conjunto imenso de informações que chegam a nós todos os dias. Assim, o papel da rede de saliência é selecionar, dentre as novas ideias surgidas pela rede padrão, quais devem ou não ser analisadas pela rede de controle.

Estudos como o de Roger Beaty sugerem que novas ideias aplicadas a situações do cotidiano surgem em maior escala nas pessoas capazes de ativar de forma mais ou menos simultânea as três redes. No limite, excesso de pensamentos dispersivos ou excesso de senso crítico não resultam em formas criativas de resolver velhos problemas.

Essa atividade paralela tem sido observada em músicos de jazz que improvisam, escritores compondo novas poesias ou designers gráficos criando a capa de um novo livro. Ao mesmo tempo, esses estudos indicam que pessoas que possuem interesses muito variados, como física quântica e futebol, ópera barroca e pescaria, por exemplo, também conseguem ativar mais facilmente essas redes cerebrais em paralelo. E, quanto mais se interessam por atividades tão diferentes, mais estimulam esse paralelismo, essencial para solucionar de forma criativa os velhos problemas do cotidiano.

# dicas

Quer ter novas ideias? Então, procure refletir sobre a diferença entre um quebra-cabeças e um conjunto de peças Lego. A solução para o quebra-cabeças é única. Peças vizinhas sempre devem ser encaixadas da mesma forma. É possível montar o quebra-cabeças em sequências diferentes, mas sempre vamos começar das bordas para o centro e não é possível compor nenhuma imagem nova. Um Lego é o oposto. Ele nos desafia a encontrar novas respostas simplesmente rearrumando aquelas inocentes pecinhas. Quem olha para cada peça de um conjunto Lego não vê nada além de um "tijolinho" de plástico, mas as possibilidades de montagem são infinitas. Assim, se você está ouvindo sua playlist favorita no domingo à tarde e ideias soltas surgem em sua mente, se estiver conversando com um amigo e, de repente, começar a olhar "através" dele com pensamentos vagando livremente ou mesmo se estiver visitando um museu e sua atenção for repentinamente despertada por algum objeto, saiba que sua mente pode estar reunindo novas peças para montar uma incrível nova figura em breve. Afinal, se algo chamou sua atenção, não será a rede padrão quem dirá o porquê. Viva aquele momento como se estivesse reunindo ingredientes para um bolo. Em algum momento, a rede saliente vai separar os elementos que podem, de fato, servir. E, por fim, a rede de controle irá trabalhar para compor ideias novas, novas soluções feitas de velhos elementos recombinados.

É possível cultivar hábitos simples que estimulam uma percepção original do ambiente, das pessoas e da vida ao nosso redor: troque o relógio de pulso às vezes, não percorra sempre os mesmos caminhos entre a casa e o trabalho, não se sente sempre no mesmo lugar em uma sala de aula. Com isso, você estará dizendo ao próprio cérebro: será que não é possível fazer diferente? Essa habilidade genérica estará sendo estimulada. E fazer algo novo ou de uma forma nova é sinônimo de criatividade e inovação. Para o cérebro, tanto faz se esse algo novo é um Lego ou uma grande sacada inovadora.

capítulo 18

# COMO LIDAR
# COM IMPREVISTOS

Depois de meia hora na fila de embarque, chegou minha hora de entrar no avião para Porto Alegre, onde visitaria minha família e meus amigos de adolescência. Eu já estava há dez anos no exterior, tive poucas oportunidades de vê-los. Meus amigos tinham preparado um churrasco para me receber.

Eu era o último na fila e, na hora de entrar no avião, o que eu disse para a funcionária da empresa aérea não poderia ser mais surpreendente naquelas circunstâncias:

— Infelizmente, não posso embarcar. Surgiu um imprevisto.

— O imprevisto surgiu agora, enquanto o senhor estava na fila de embarque? — perguntou a funcionária com ar de incrédula.

— Pois é, aconteceu.

— Senhor, tem certeza? Teremos que procurar sua mala no compartimento de carga para descarregá-la. Por motivo de segurança, malas não podem viajar desacompanhadas. Isso vai atrasar o voo.

— Lamento, mas não tem jeito. Não posso embarcar.

— Qual a cor da mala?

— Azul-piscina. Provavelmente a única mala azul-piscina do avião. Você vai querer me matar por causa desse incidente?

— Se a sua mala fosse preta, eu o mataria — respondeu a funcionária com o primeiro esboço de alivio no rosto.

O incidente tinha acontecido pouco antes: o ataque terrorista ao jornal *Charlie Hebdo*, em Paris, em janeiro de 2015. Doze jornalistas, chargistas e outros colaboradores foram mortos. Eu era correspondente em Londres e o dever me chamava.

Meus amigos fizeram o churrasco de boas-vindas... sem a minha presença. Depois publicaram nas redes sociais uma foto da turma reunida e introduziram digitalmente o meu rosto. Em espírito, eu estava lá. Naquela mesma noite, peguei um voo para Londres e, no dia seguinte, fui para Paris.

Para jornalistas, o imprevisto é parte do dia a dia. Saímos para o trabalho com uma vaga ideia do que vamos fazer, mas tudo pode mudar e jamais podemos garantir que horas voltaremos para casa. A imprevisibilidade é ainda mais complicada para quem trabalha em TV ou rádio. Quem quiser sobreviver nesses dois meios, tem que ter capacidade de entender rapidamente as situações, juntar o máximo de dados num tempo muito curto e entrar no ar ao vivo com as informações mais precisas possíveis, com um discurso coerente e claro, sem gaguejar muito e sem demonstrar nervosismo. Enfim, capacidade de improvisar.

Onze meses depois daquela carnificina na sede do *Charlie Hebdo*, os terroristas voltaram a atormentar a capital francesa. Fizeram uma série de ataques coordenados num estádio de futebol, na casa de shows Bataclan e num restaurante vietnamita.

Eram seis horas da tarde de uma sexta-feira preguiçosa em Londres. Nada de relevante tinha acontecido na Europa e o pessoal do nosso escritório já tinha ido embora. Eu era um dos últimos a sair e estava, literalmente, com um pé fora do escritório quando tocou o telefone. Por instantes, pensei se atendia ou não. Resolvi atender. Era Fátima Baptista, então coordenadora de produção do *Jornal Nacional*.

– Kovalick, surgiu uma história de um tiroteio em Paris nas agências de notícias. Parece que não é nada demais, talvez um assalto. São três mortos.

Depois do que aconteceu no *Charlie Hebdo*, qualquer crime em Paris alertava nossas antenas.

Dei meia volta, sentei na minha cadeira, liguei o computador e os aparelhos de TV e fiquei acompanhando o caso. Aqueles três mortos se transformaram em dez, vinte, quarenta, uma centena. No total, foram 138 mortos, entre eles sete terroristas.

Duas horas e meia depois, quando o *Jornal Nacional* começou, eu estava ao vivo com o William Bonner e a Renata Vasconcelos e aquela foi praticamente a única notícia do jornal. O fato estava acontecendo enquanto o *JN* ia ao ar. Eu acompanhava as imagens da TV francesa num monitor, as notícias das agências num computador e as últimas informações repassadas no meu ouvido pelos editores do Rio de Janeiro. Os colegas do escritório voltaram assim que souberam dos ataques e ajudavam apurando os últimos detalhes. Era um tsunami de informação que deveria ir ao ar de forma clara e compreensível. Se você me perguntar hoje o que foi que eu disse naquele dia, a resposta mais sincera é "não faço a menor ideia".

Depois, repetimos a dose no *Jornal da Globo*. Terminada essa segunda missão, eu e o repórter-cinematográfico Paulo Pimentel partimos para a estação de Saint Pancras, para pegar um trem para Paris. Não sabíamos se conseguiríamos, porque uma das medidas anunciadas pelo governo francês foi o fechamento das fronteiras.

Conseguimos chegar a Paris no dia seguinte, sábado, por volta de 9h, na Gare du Nord, a estação aonde chega o trem de Londres, e rumamos para o Bataclan, mas as ruas de acesso estavam fechadas. No meio do caminho, ainda atordoados por uma noite não dormida e por ainda não termos todas as informações na mão, fomos chamados para entrar ao vivo num programa especial sobre os atentados, que estava sendo apresentado pela Sandra Annenberg.

Sem saber direito o que dizer, eu me lembrei de algo absolutamente perdido em algum lugar da minha memória. Quando eu era adolescente, meus pais fizeram das tripas coração, tiraram dinheiro não sei de onde, para pagar cursos de línguas para mim, inglês e francês. Eu gostava muito mais de estudar francês. Eu ficava encantado com as histórias do casal de protagonistas do método de ensino da Aliança Francesa. Pierre e Mireille viviam histórias românticas de encontros e desencontros pelas ruas de Paris para ensinar aos alunos a dizer "6, Rue Montmartre, *s'il vous plaît*", e coisas do gênero. Nossos professores faziam questão de mostrar num mapa de Paris, colado na parede da sala, onde cada aventura acontecia.

Não é difícil decorar a geografia de Paris, já que a capital francesa é um círculo ovalado, parecido com uma concha, dividido ao meio pelo rio Sena. Depois de alguns anos estudando na Aliança, todos os alunos já tinham aprendido a manter um diálogo em francês e, por tabela, tinham o mapa de Paris gravado na cabeça. Para mim – que, embora estudando na prestigiada Alliance Française, poderia entrar facilmente na categoria "pobre, pobre de Marais, Marais" e num tempo em que ir ao exterior era coisa de gente muita rica –, viajar de forma imaginária pelas ruas de Paris ao lado de Pierre e Mireille seria, certamente, o mais perto que eu chegaria da capital francesa.

Naquele sábado depois dos atentados, na hora em que tive que entrar ao vivo, as lições da Aliança foram extremamente úteis, não apenas por me ajudarem a tomar pé da situação, mas por localizarem na minha cabeça onde os atentados tinham acontecido. Aquele mapa colado na parede da sala de aula – que eu via três vezes por semana na minha adolescência e que muitas vezes foi útil em viagens anteriores a Paris – voltou à minha mente. Na entrada ao vivo, consegui explicar onde cada ataque aconteceu, as distâncias aproximadas entre os locais, a movimentação dos terroristas pela cidade. *Merci*, Pierre. *Merci*, Mireille.

A capacidade de improvisar e lidar com situações inesperadas de comunicação (como uma pergunta constrangedora ou para a qual a gente não tem resposta) é perfeitamente "treinável" e tem também alguns truques.

O improviso bem-feito começa com a capacidade de manter a calma. Mais do que qualquer outro momento, o estresse precisa ser nosso amigo e não nosso adversário. Precisa ser canalizado para nos manter alertas, focados.

Se estamos tranquilos – mas atentos porque o estresse está sendo usado para manter o foco –, o nosso cérebro é capaz de acessar a nossa biblioteca mental e buscar as respostas necessárias ou úteis, mesmo que elas sejam distantes do assunto sobre o qual estamos falando, como lembrar das aventuras de Pierre e Mireille no meio de um atentado terrorista.

Outra técnica, no caso de uma pergunta ou afirmação inesperada do interlocutor, é repetir o que a pessoa disse no começo da resposta e depois dizer o que você pensa. Além de nos dar tempo para pensar, essa técnica ganha a simpatia do interlocutor que percebe que prestamos atenção no que ele falou. O ex-presidente americano Barack Obama era craque nessa estratégia de comunicação. Ele jamais batia de frente com uma questão embaraçosa ou afirmação que contradizia seu pensamento. Obama começava abrindo o famoso sorriso – o que já garantia 50% do resultado –, repetia o que o interlocutor havia dito, muitas vezes parecendo que iria concordar com a afirmação, mas mudava de rumo com um sonoro "porém" e apresentava o pensamento dele. Normalmente, acabava aplaudido.

Como Leny costuma dizer: "A pausa é nossa amiga e um instrumento poderoso quando temos que improvisar". Diante de uma pergunta ou situação embaraçosa, você não precisa pular na resposta ou no argumento. Um segundo de pausa antes de começar a falar ajuda a organizar o pensamento.

As pausas, aliás, são o melhor remédio para aquilo que, em inglês, se chama de *fillers*. Em português, seriam "preenchedores". São expressões como "ham, hum, veja, bem, olha só, né", que preenchem buracos nas nossas frases. Elas ocorrem, porque o nosso cérebro tem uma capacidade muito maior de formar palavras do que a nossa boca é capaz de dizê-las. Os *fillers* são produzidos porque estamos tentando falar sem ainda ter formado a frase completa. Ou seja, começamos a falar enquanto o nosso cérebro está procurando as palavras certas. Muitas vezes, também ocorrem porque começamos a falar sem ter a menor ideia do que vamos dizer. E, quanto mais nervosos estamos, menor a nossa capacidade de encontrar a palavra certa. Substituir os *fillers* por pausas é a melhor estratégia. Dá para treinar em casa, na frente de um espelho. Pense num assunto que você domina e tente falar incluindo pausas entre as frases e no meio delas. Talvez no começo pareça um pouco robótico, mas, com o tempo, o discurso melhora e as pausas ainda podem adicionar um tom dramático em alguns momentos.

Fica bem mais fácil lidar com imprevistos quando temos uma biblioteca mental. Por isso, ler, se informar, assistir a boas peças de teatro e filmes – ou fazer um bom curso, como era o do Pierre e da Mireille – um dia mostram sua utilidade. Porém, por incrível que pareça, a melhor maneira de se preparar para o imprevisível é... prevê-lo. E isso a gente vai ver no próximo capítulo.

# FALAR NATURALMENTE

A fala espontânea tem como característica a imprevisibilidade. Quando falamos, modificamos o padrão de acordo com o conteúdo, com os sentimentos e as emoções envolvidas. Utilizamos os recursos vocais: a ênfase, as pausas, a curva melódica, a velocidade e a intensidade.

Veja que interessante: a ênfase é um grifo, é um destaque que damos ao que é mais importante na frase. Ao enfatizarmos determinado trecho, colocamos de modo claro a nossa opinião, o nosso juízo de valores. Esse é um acréscimo importante! Além disso, a ênfase elimina qualquer risco da emissão parecer monótona: o aumento da intensidade, do tom, a articulação mais equilibrada do trecho o destaca e muda o ritmo da frase que está sendo dita. A fala ganha também mais entusiasmo, mais emoção!

As pausas têm objetivo didático. Elas determinam blocos com significado próprio do conteúdo. Assim, se tendo a não usar pausas no meu discurso, passo a impressão de que não estou nem aí com a compreensão do outro; e, em vez disso, se uso excessivamente, parece que penso que o outro é um ignorante! Forte, né? Veja como um detalhe, como a pausa, pode produzir estrago ou sucesso como resultado... E mantenha sua pausa silenciosa, jamais a ocupe com "é ...", "an...".

A curva melódica é bem interessante: quando falamos de algo alegre, festivo, ou surpreendente, a tendência é usarmos curva ascendente. Ao contrário, quando o conteúdo é mais sério, até triste, a curva fica descendente. E, nas informações de conteúdo mais neutro, objetivo, sem muita emoção, a frase fica mais linear.

Quanto mais caprichamos nessas variações, mais a nossa fala fica rica! Ao falarmos de modo mais rápido, ressaltamos o lado dinâmico, ágil da mensagem. Ao falarmos mais lentamente, ressaltamos o que dizemos e reforçamos a emoção.

E o corpo? O que ele pode "dizer"? Temos que considerar três parâmetros: a postura, os gestos e a expressão facial.

A postura ideal deve ser ereta e confortável, os ombros alinhados e os braços soltos. Assim, passamos a ideia de conforto com a situação, segurança e equilíbrio. Se os ombros estão caídos, a cabeça baixa, a impressão é de desconforto com a situação, insegurança, falta de conhecimento. Uma postura "esticada" demais, com a cabeça elevada, passa a ideia de arrogância.

Os gestos são naturais e devem acompanhar sempre a fala. Usamos gestos para marcar as ênfases e para simbolizar o que estamos dizendo. Cuidado com a linha dos gestos! Os mais naturais acontecem próximos da cintura. Gestos mais altos denotam certo descontrole.

Já a expressão facial se modifica de acordo com o conteúdo de nossa mensagem, e, como o rosto é o espelho da alma... Convém deixar claro o que queremos dizer! O mais interessante é manter o rosto descontraído, para que as modificações aconteçam naturalmente.

Bem, na prática, todos esses detalhes, unidos, compõem a nossa mensagem e procuram estar de acordo com ela. A orientação principal é que estejamos sempre muito bem preparados para o que vamos dizer. Que conheçamos, no fundo, os conceitos envolvidos e que, no momento da comunicação, possamos naturalmente nos apropriar do que estamos dizendo. Assim, voz, fala e corpo atuarão de modo harmonioso, como uma grande orquestra, produzindo a mais maravilhosa melodia.

# esperar o inesperado

Será mesmo possível que nosso cérebro se prepare para o imprevisível? Afinal, como esperar o inesperado?

Essas questões só parecem um tanto contraditórias quando analisadas do ponto de vista estritamente racional, cognitivo. Felizmente, boa parte das ações e reações de nosso sistema nervoso central não exige entendimento, compreensão. Por exemplo: sabe aquele martelinho com o qual alguns médicos batem em nossos joelhos? Pois é… O objetivo é testar nosso arco-reflexo. Esse é um mecanismo reativo muito importante e que não exige nenhum tipo de avaliação racional e cognitiva. Quando o martelo atinge o joelho, estimula uma terminação nervosa que leva o impulso até a medula; e a medula reage, devolvendo o impulso e contraindo o músculo da perna. O mesmo acontece quando encostamos a mão em uma superfície quente em nossas cozinhas. Nós "puxamos" o braço sem pensar. O cérebro sequer participa desse primeiro impulso, que é automático, instintivo, não cognitivo e involuntário.

Pensando nisso, fica claro que temos alguns gatilhos prontos em nosso sistema nervoso central para reagir ao inesperado. O grande desafio é levar essa habilidade do nível mais primitivo de nossas ações para o nível mais racional e executivo.

Nosso cérebro tem muitas respostas prontas, esperando um gatilho para serem utilizadas em resposta às respectivas perguntas. Se estudamos a fundo um assunto, se acumulamos experiências profissionais depois de anos de atividade, se já vivenciamos diversas situações, essas respostas fazem parte de nosso acervo de memórias de longo prazo. São memórias implícitas, tanto declarativas (expressáveis de forma verbal) quanto procedimentais (saber fazer coisas). O velho exemplo cabe aqui: quem aprendeu a andar de bicicleta jamais vai esquecer; essa é uma memória procedimental de longo prazo. No entanto, agir em uma situação imprevista não requer apenas esse acervo de experiências e memórias, também é preciso o insight, isto é, a capacidade de adaptar rapidamente as respostas que temos às perguntas e situações específicas que surgem repentinamente diante de nós. Como fazer isso?

Acessar memórias exige foco. É preciso ouvir a pergunta, compreender o mote para fazer a rima. Devemos estar muito atentos ao que se passa ao nosso redor, como nas melhores práticas do mindfulness, que ajudam a focar o presente, no aqui-agora. Não se improvisa bem sem mergulhar de cabeça na situação inesperada, que, afinal, é o que exige a resposta, o improviso.

Já o insight exige uma mente com poucos prejulgamentos, tanto sobre o que se passa ao nosso redor quanto sobre nós mesmos. Pensamentos do tipo "lá vem aquele cara chato" ou "sinto que não vou me dar bem" acabam estreitando nossa capacidade de rearranjar nosso acervo de respostas-lembranças-experiências e adaptá-lo à situação nova que está diante de nós. Esses pensamentos criam cenários que podem não ser os mais adequados à situação concreta, pois nos levam ao passado (o cara chato) ou ao futuro (vou me dar mal) e, assim, nos tiram do presente. Novamente, puro mindfulness voltado para o improviso.

Grande atenção e mente aberta, sem julgamentos: é a combinação mental mais favorável ao improviso bem-sucedido. Nada muito diferente do que fazem os grandes repentistas.

capítulo 19

# preparação é tudo

Quem vê uma luta de sumô pela TV pode pensar que a tradicional luta japonesa não passa de uma disputa entre dois homens gordos e seminus, que ficam se empurrando até o mais gordo e mais forte vencer, ao jogar o adversário para fora do ringue ou derrubá-lo no chão. Uma tarde no Ryogoku Kokugikan, a arena de sumô em Tóquio, assistindo a uma luta atrás da outra, como fiz quando era correspondente no Japão, faz qualquer um mudar de ideia. Algumas sutilezas revelam que ali tem estratégia e muita preparação, e que é isso – e não apenas a força bruta e o tamanho do lutador – que faz a diferença entre vencer e perder.

A luta mesmo dura poucos minutos, às vezes segundos. O que a torna mais longa é todo o ritual que a cerca: jogar sal no ringue circular, bater palmas, levantar uma perna, levantar a outra… Até que os dois gigantes se chocam no meio do ringue circular, chamado *dohyo*.

Vencer o adversário nesses poucos segundos ou minutos exige uma vida de treinamento e privações. Alguns, desde que são crianças, deixam a família e vão morar numa academia. A alimentação é direcionada para que se tornem gigantes. O treinamento diário faz criar músculos e ensina a estratégia certa para vencer naqueles poucos segundos que cada um terá sob as luzes da arena.

Naquela tarde no Ryogoku Kokugikan, percebi que um dos lutadores era magro. Muito forte, mas bem mais magro do que os demais. Perguntei a um espectador ao meu lado, que sabia tudo de sumô e, felizmente, falava inglês, o que aquele magricelo fazia ali no meio daqueles gigantes. Ele respondeu que, por incrível que pareça, ele era um dos melhores. O lutador magro não tinha a força necessária para derrubar ou empurrar os outros. A estratégia dele era sempre se desviar do empurrão e fazer o adversário tombar pela própria força. Óbvio que os adversários sabiam da estratégia, já que tinham lutado muitas vezes com ele antes. Por isso, o magrinho tinha que aplicar a estratégia da esquiva num momento preciso; uma fração de segundos antes ou depois significaria a derrota. E foi o que ele fez diante dos meus olhos. Quando a luta começou, o magro e outro lutador que tinha o triplo do tamanho dele se jogaram um contra o outro no meio do ringue. Obviamente, o grandão levou vantagem, empurrando o mais magro em direção às bordas do *dohyo*. Mais alguns centímetros e ele teria encostado o pé fora do ringue e perdido a luta. O resultado parecia inevitável, mas, quando o lutador magro já estava raspando o pé na borda do *dohyo*, ele conseguiu controlar o grandão por alguns segundos. O gigante se empertigou, reunindo todas as forças, e partiu para o ataque final. No momento preciso, o magrinho se esquivou. O grandão se desequilibrou e botou o pé fora do ringue. Mais uma vitória da estratégia e da preparação.

Fazer o dever de casa é essencial em qualquer atividade, ainda mais no esporte. Mais uma vez, como dizia o icônico campeão de boxe Muhammad Ali: "A luta é ganha ou perdida bem longe do público; atrás das linhas, na academia, lá na rua, bem antes de eu dançar sob as luzes". E como ele dançava bem sob as luzes de um ginásio lotado! Numa luta de boxe – ou qualquer outra luta – subir ao ringue despreparado, achando que mata no peito, é a receita certa para beijar a lona. Um campeão treina, treina, treina... porque sabe que, na hora do "vamos ver", não dá para pensar. São décimos de segundos que fazem a diferença entre se esquivar do golpe ou levar um soco no meio da cara. A esquiva tem que ser treinada à exaustão para funcionar na hora da luta.

A lição serve para qualquer atividade humana e vale ouro na comunicação. Se alguém quiser uma receita infalível para um grande fracasso é dizer para si mesmo ou para quem o cerca: "Deixa que eu mato no peito". Ou seja, tentar resolver na hora, sem preparação adequada.

Deve ter sido isso ("Deixa que eu mato no peito") que o sujeito responsável pela queda do Muro de Berlim pensou antes de falar besteira e provocar o fim da Cortina de Ferro, que separava o Ocidente capitalista do Oriente comunista, e criar um efeito dominó que liquidou o Império soviético.

O Muro de Berlim separava a principal cidade alemã e o planeta. Construído em 1961 pela Alemanha Oriental, o muro tinha a função de impedir que os alemães que viviam no lado comunista fugissem para Berlim Ocidental e capitalista. Não há dados exatos de quantas pessoas morreram ao tentar cruzá-lo, mas até crianças de 10 e 13 anos foram assassinadas por tentativa de passar para o outro lado.

Perto do muro, um presidente americano disse uma frase que se tornou histórica. Em 1963, menos de dois anos depois de o muro ser erguido, John Kennedy fez um discurso em Berlim. No meio, incluiu uma frase em alemão: *"Ich bin ein Berliner"* (Eu sou berlinense). É preciso dar o contexto da frase para entender a sua importância. Berlim Ocidental — e capitalista — era um enclave, uma ilha, cercada por Berlim Oriental e comunista. Os habitantes do lado ocidental temiam uma invasão comunista. Ao dizer, em alemão, em plena Berlim, que também era um berlinense, o presidente dos Estados Unidos mandou um recado claro à Alemanha Oriental e à União Soviética: se invadirem Berlim, vocês vão arrumar problemas com a nação mais poderosa do mundo. A frase foi cuidadosamente preparada e treinada por Kennedy. O tradutor dele, Robert Lochner, escreveu num cartão a versão em alemão (*Ich bin ein Berliner*) e uma versão fonética ("ish been oin bear-lee-ner") para que Kennedy, que não falava alemão, acertasse na pronúncia e causasse o efeito desejado. (Leia mais, na conclusão deste livro, sobre *logline*, ou as frases que encantam a audiência, resumem ideias e as vendem.) Tudo saiu perfeito. Uma única frase encheu de orgulho e deu a força necessária para os habitantes de Berlim Ocidental resistirem ao cerco. Só não derrubou o muro. Para isso, foi preciso uma frase desastrada vinte e seis anos depois.

Em 1989, o mundo comunista, comandado pela União Soviética, já dava sinais de que estava ruindo. Houve greves na Polônia, organizadas pelo sindicato Solidariedade; húngaros já conseguiam passar para o Ocidente pela fronteira com a Áustria, mas o grande símbolo da divisão entre Oriente e Ocidente, o Muro de Berlim, resistia firme e forte.

O dia 9 de novembro de 1989 entrou para a história por causa da tal declaração desastrada feita por um sujeito despreparado. O nome dele era Günter Schabowski, porta-voz da Alemanha Oriental. Nesse dia, ele iria dar uma burocrática entrevista coletiva, como costumava acontecer nos países comunistas, onde a imprensa era censurada e os repórteres não costumavam fazer muitas perguntas. Haveria repórteres estrangeiros, mas qualquer pergunta mais espinhosa poderia ser resolvida com um curto e grosso "nada a declarar".

Minutos antes da entrevista, Schabowski recebeu alguns papéis com novas instruções para viagens ao exterior. Basicamente, o texto dizia que os moradores do lado comunista poderiam pedir vistos para viajar para o lado ocidental e que também seria permitida a emigração. Schabowski não sabia que o texto ainda não tinha sido totalmente aprovado nem quando as novas regras passariam a valer; porém, se sentiu confortável para ler o papel na frente dos repórteres. No livro *The Collapse: The Accidental Opening of the Berlin Wall*, a historiadora Mary Elise Serotte lembra que Schabowski dizia que não precisava se preparar para enfrentar jornalistas. Segundo Serotte, ele dizia: "Eu sei falar alemão e leio um papel sem cometer erros; portanto, posso conduzir uma entrevista coletiva". Em outras palavras, deixa que eu mato no peito...

Então, começou a entrevista. Schabowski leu o papel. Conforme registram reportagens da época, os repórteres na sala começaram um alvoroço. Um jornalista italiano fez um pergunta simples e singela: "Quando as medidas começam a valer?". Schabowski começou a procurar a informação no papel sem conseguir encontrá-la, olhou por cima dos óculos num sinal de nervosismo e soltou a frase desastrada: "Pelo que eu entendo, imediatamente, sem demora".

A TV da Alemanha Ocidental entendeu que os portões do muro seriam abertos imediatamente e entrou ao vivo com a informação. Os sinais das emissoras ocidentais eram captados do lado oriental. Imediatamente, milhares de cidadãos da região comunista saíram de casa em direção aos portões. Os guardas – que não tinham recebido ordem nenhuma para abrir as passagens – se viram cercados por multidões e ficaram sem saber o que fazer. As pessoas diziam – com toda a sinceridade – que os guardas poderiam abrir os portões porque a notícia saiu na TV. Cercados e atônitos, eles não tiveram outra saída a não ser permitir a passagem. Milhares de habitantes do lado oriental foram para o outro lado. Foram recebidos com festa. Os mais jovens tiveram seu primeiro contato com o capitalismo: lojas coloridas e iluminadas e supermercados onde não faltava comida. Depois de se esbaldarem do lado capitalista, numa noite memorável, voltaram para casa do lado comunista sabendo que poderiam ir e voltar na hora que quisessem.

Nos dias seguintes, grande parte do muro foi derrubada. Ainda restam trechos, pintados com grafite, lembranças daquele tempo de divisão. O muro iria deixar de existir um dia. Mas é irônico que o simbolo de uma divisão que, muitas vezes, expôs o planeta ao risco de ser aniquilado por uma guerra nuclear, tenha caído de maneira tão vexatória, por causa de uma declaração infeliz.

A preparação não implica a exclusão do improviso. Ao contrário. É a preparação que abre um espaço seguro para o improviso. Há um componente psicológico aí. Saber que o conteúdo que queremos transmitir está na ponta da língua nos dá a segurança para incluir exemplos, histórias ou responder a perguntas da audiência.

Em último caso, decorar cada frase e gesto pode ser uma alternativa, embora tenha seus riscos. A apresentação pode soar artificial e robótica. O artificialismo pode ligar o sistema de alerta dos ouvintes, que podem confundi-lo com falsidade. E lá se vai a confiança. Decorar não é, porém, uma estratégia que deva ser desprezada. Se você conseguir fazer como um ator de teatro, que decora a peça inteira, mas faz as falas parecerem um diálogo natural, vá em frente. O sucesso estará garantido.

Eu gosto – tanto em palestras como em entradas ao vivo na TV – de usar um mix de preparação e improviso. Costumo escrever os tópicos que pretendo abordar. Costumo anotar números e nomes (como fez Kennedy com a frase famosa) para não errar na hora. Claro que fica muito melhor se você tiver nomes e números na ponta da língua. Isso mostra que você conhece mesmo o assunto. Porém, os espectadores reconhecem que a imperfeição é algo humano e perdoam esses pequenos "deslizes". Isso pode até ajudar a criar empatia.

Atenção para um ponto importante! A preparação tem que ser feita com muita antecedência. A pior coisa é pensar no que vai dizer na noite anterior ou na manhã da apresentação. É a mesma regra para prova de vestibular. Se não estudou, não adianta mais estudar. Isso só vai fazer o aluno se cansar e ter um resultado ainda pior.

Uma pesquisa feita com base no desempenho de Usain Bolt, o jamaicano que era praticamente imbatível nas corridas rápidas nos Jogos Olímpicos, mostrou por que isso acontece. Pesquisadores italianos ficaram intrigados com o comportamento de Bolt antes das corridas. Os adversários ficavam com caras sérias e contritas, repassando mentalmente o que deveriam fazer na corrida, ou já se posicionavam para o tiro de largada. Enquanto isso, Bolt sorria, acenava para a multidão e para as câmeras, fazia o símbolo do raio, que virou marca registrada dele. Parecia totalmente indiferente ao fato de que iria disputar uma medalha de ouro olímpica.

Quando a corrida começava, não tinha para ninguém. Bolt costumava começar um pouco atrás, mas atropelava nos últimos metros e vencia. Apenas habilidade natural? Não. Obviamente, havia muita preparação, mas não nos minutos que antecediam a corrida.

Os pesquisadores mostraram que, ao se concentrar excessivamente no que iriam fazer, os adversários de Bolt se cansavam mentalmente. O nosso cérebro não distingue muito bem entre pensar em uma atividade e realizar aquela atividade. Quando pensamos no que vamos fazer, é quase como se já estivéssemos fazendo. O nosso cérebro libera os hormônios e ativa os circuitos necessários para aquela tarefa. E, aí, quando efetivamente realizamos a tarefa, já estamos cansados. É como se todos os corredores tivessem uma bateria mental. Os adversários de Bolt descarregavam suas baterias antes mesmo de a corrida começar. Bolt, ao contrário, estava com sua bateria mental cheia.

Você também pode usar a estratégia de Bolt quando for fazer uma apresentação ou uma entrevista de emprego (ou uma prova de vestibular). Estude, treine, mas, na véspera do grande dia, relaxe. Pouco antes de iniciar sua fala você se concentra. Pode repassar o que vai dizer, mas não fique fazendo isso incessantemente por uma hora ou mais. Reúna suas energias e diga para você mesmo que fez toda a preparação necessária para brilhar. Foi com essa estratégia (e muita habilidade natural e treinamento) que Bolt ganhou oito medalhas de ouro em Jogos Olímpicos. Mais um que usava preparação e estratégia para vencer.

# FUJA DO COMPLEXO DE GABRIELA

A pesquisadora Carol Dweck, de Stanford, dedicou anos ao estudo para descobrir como pensam as pessoas que alcançam ou não sucesso. Concluiu que isso depende muito mais da nossa atitude mental e do modo como lidamos com as situações que surgem em nossas vidas. Assim, ela concluiu que temos dois tipos de mentalidade: a fixa e a de crescimento.

Pessoas com mentalidade fixa acreditam que suas habilidades e talentos são inatos e imutáveis. Como a Gabriela, personagem de Jorge Amado cantada na composição de Dorival Caymmi, pessoas que pensam "eu nasci assim, eu cresci assim, e sou mesmo assim, vou ser sempre assim". Elas necessitam sempre provar as suas habilidades para o mundo e são altamente dependentes de elogios e palavras de reforço positivo. Para elas, o fracasso é algo inaceitável, um grande constrangimento. Assim, se acreditam que não podem, simplesmente deixam de tentar! É claro que, pensando e agindo assim, seus resultados comprovarão sua crença. Portanto, essa atitude mental impede a pessoa de alcançar seu potencial e de atingir seus objetivos e sonhos.

Pessoas com mentalidade de crescimento acreditam que qualquer comportamento pode evoluir a partir de seu esforço. Elas se dedicam e não têm medo de tentar nem de errar! Veem o fracasso como oportunidade de aprender e crescer e buscam o aprimoramento constante. Ao entender que o esforço leva à aprendizagem, estão sempre estimuladas a se dedicar a aprender, são automotivadas e enfrentam com otimismo qualquer obstáculo.

Há uma pesquisa fantástica sobre o tema. Os pesquisadores colocaram bebês diante de brinquedos coloridos e sonoros, porém a uma distância que os impedia de alcançá-los. Notaram que alguns se esforçavam e tentavam, mesmo sem conseguir, enquanto outros... simplesmente ficavam estáticos, chorando! E o mais impressionante é que, acompanhados durante um longo período, os bebês que tentavam a qualquer custo alcançar o brinquedo foram os que tiveram mais sucesso na escola, na prática de uma atividade física, nos diferentes desafios da vida. Esse estudo mostra claramente que temos uma tendência inata de atitude mental. Porém, a ciência nos mostra que podemos mudar a nossa atitude e obter melhores resultados.

A primeira consideração tem a ver com a consciência sobre a nossa forma de pensar e nossa vontade de modificá-la. O segundo ponto tem a ver com o uso da palavra mágica "ainda". Vale o esforço consciente, diante de uma situação desafiadora, de pensarmos, por exemplo: "eu ainda não sei falar bem inglês, mas com dedicação e empenho vou conseguir". Essa postura mental modifica tudo!

E, olha, já há muitos anos o profissional de sucesso inquestionável, Henry Ford, dizia algo que confirma esses estudos: "Se você pensa que pode ou se pensa que não pode, de qualquer forma você está certo". Então, escolha o melhor lado!

# MINDFULNESS: O DESAFIO CONTÍNUO DA ATENÇÃO PLENA

Nossas reflexões sobre neurociência e o processo de comunicação formaram um grande contraponto às histórias narradas aqui. Foram provocações para que o leitor refletisse sobre como cérebro e corpo atuam no processo de comunicação. E o palco desse espetáculo incrível somos nós mesmos. A cada texto, novas questões, novas propostas de reflexão. Mas, afinal, há uma síntese, um ponto de chegada? Talvez, como em tudo na vida, o melhor seja imaginar vários finais para essa história. E o mindfulness é apenas uma das sínteses possíveis.

Pesquisadores como Richard Lanham, autor do livro *The Economics of Attention*, têm investigado como distribuímos nossa atenção. A economia tradicional estuda a alocação de recursos escassos: nosso dinheiro, as horas que dedicamos ao trabalho ou ao lazer, nossas escolhas na linha do tempo. Mas, com o surgimento da sociedade da informação, temos que decidir como alocar nossa própria atenção. Acontece que o ser humano tem trabalhado mal com recursos que antes eram livres e passaram a ser disputados. A água, o ar, o silêncio nas grandes cidades são bons exemplos. Até o oceano está sendo disputado entre os animais marinhos e o plástico. Um desastre!

Nos dias de hoje, cercada por informações úteis e inúteis, nossa atenção escassa passou a ser ferozmente disputada. Enquanto escrevo esse texto, diversos *pop-ups* estão pulando na tela do meu computador e os aplicativos de mensagens do meu celular tocam o tempo todo. Mas isso não está me impedindo de escrever. Por quê? A resposta é: mindfulness, atenção focada.

A capacidade de focar a atenção em um assunto de cada vez é o grande objetivo das técnicas de mindfulness. Mas, como toda atitude mental, requer treino. O mesmo vale para a capacidade de focar um instante temporal de cada vez.

## 242 • seja inesquecível

Viver o momento presente e concentrar a energia cerebral em um processo cognitivo por vez: esse é o estado mental típico de quem pratica mindfulness. Se esse estado é importante em todos os momentos da vida, seja durante a redação de uma matéria, uma entrada ao vivo ou uma entrevista, ele se torna crucial quando estamos diante de um ambiente desconhecido.

Diante de uma situação nova, a tendência de nosso cérebro é criar cenários. Se prestarmos atenção a nossos processos mentais, veremos que estamos imaginando sempre o final das histórias. Muitos acreditam que isso é saudável, é se preparar para enfrentar a incerteza, criando e recriando enredos mentais. De fato, não seria assim tão mau, exceto por uma coisa: imaginar muitos cenários exige energia e pode exaurir as áreas executivas de nosso neocórtex. Se os cenários imaginados forem pessimistas, vamos elevar os níveis de adrenalina e cortisol, colocando nosso cérebro sob estresse. Se forem bons, elevam os níveis de dopamina, o que nos deixa ansiosos. Estresse excessivo e ansiedade são péssimos amigos e maus conselheiros.

Um profissional de comunicação que se preparou para um desafio novo e relativamente desconhecido deve adotar uma postura confiante. O grande arsenal cerebral não está na mesa de trabalho do consciente, mas nas áreas mais profundas e inconscientes do cérebro. Porém, esse conhecimento e essa experiência só irão fluir se ele estiver focado na tarefa. Praticantes de mindfulness são estranhos: fazem uma coisa de cada vez e prestam uma atenção absurda, tanto no que está se passando ao seu redor quanto no que se passa em sua própria mente e em seu próprio corpo. Nesse estado de atenção plena, evitamos que pensamentos aleatórios se tornem enredos ou cenários, desviando nosso foco. Em resumo: para que o mindfulness realmente funcione, temos que ter consciência de que o inconsciente irá trabalhar por nós e reconhecer que nossa atenção é escassa e, por isso, não pode ser desperdiçada. Confiança e foco são os maiores aliados diante da incerteza.

## dicas

*O mindfulness é um estado mental que envolve todas as áreas do cérebro, favorecendo o mental flow. Para fazer dele um aliado no trabalho de comunicação, sobretudo em situações novas ou ambientes pouco conhecidos, é preciso treinar. Como sempre, circuitos neurais são reforçados pelo hábito e uma grande habilidade só surge com o tempo e a prática.*

*A pesquisadora Carla Naumburg, autora do livro Ready, Set, Breathe, sugere um roteiro para quem deseja incorporar esse estado de atenção plena a seu cotidiano. O nome sugestivo dado por ela ao roteiro é S.N.A.C.K., isto é, Stop, Notice, Accept, Curiosity, Kindness.*

*Afinal, você consegue simplesmente parar (stop) tudo o que está fazendo em algum momento do dia? Não? Então você não tem um cotidiano; ele é que tem você. Disputando sua atenção, suas tarefas diárias assumiram o controle. Assim, arranje uma forma de poder parar por alguns minutos algumas vezes por semana e reassumir o controle voluntário de sua própria atenção. Essa é uma habilidade que precisa ser treinada.*

*O próximo passo é ter consciência sobre a própria atenção. Note (notice) as coisas ao seu redor. Olhe de vez em quando para as pessoas à sua volta e observe o que estão fazendo, suas expressões, seu tom de voz. Acostume-se em doses homeopáticas a direcionar, a focar sua atenção. Quando você precisar fazer isso em situações realmente críticas, será mais fácil.*

*Agora vem algo mais complicado: aceitar (accept). Temos uma tendência forte a negar o indesejado. Dizemos para nós mesmos que não estamos doentes, gordos, estressados, irritados ou irritantes. Esse é um tipo de distração intencional. Presos no turbilhão do cotidiano, negamos a maior parte da realidade ao nosso redor. Como estar atento* ao que se passa no ambiente à nossa volta com essa atitude de não aceitação? Impossível. Reconheça e aceite os fatos mais indesejáveis e use menos o "soneca" quando o alarme do celular tocar pela manhã.

Outro passo é questionar (curiosity). Uma vez reconhecidos os fatos mais desagradáveis, fazer perguntas do tipo: "Por quê?" ou "Isso poderia ser de outra forma?" ou "Por que estou fazendo isso?". Ao nos mantermos curiosos, buscando as causas do que se passa ao nosso redor, estamos reforçando nossa atenção. A curiosidade é uma manifestação de interesse, de reflexão crítica, de entendimento e empatia.

Por fim, é fundamental manter a gentileza (kindness). A irritação nos cega e nos coloca em posição de confronto, luta ou fuga. O adepto do mindfulness não julga o tempo todo. E, para não julgar, a melhor atitude é manter-se com uma postura firme, mas aberta, calma, determinada, tranquila. A maior parte de nossa irritação vem de associações entre o que está adiante de nós e lembranças de situações passadas indesejadas. Mas, nesses casos, não estamos atentos ao que realmente está à nossa frente; estamos criando um enredo com as lembranças do passado e as expectativas e ansiedades sobre o futuro. Isso é altamente dispersivo.

# comunicação e felicidade

**P**essoas que se comunicam bem são mais felizes. Geram menos mal-entendidos, estabelecem relações mais saudáveis, sentem menos estresse. Essas são características presentes na descrição do israelense Tal Ben-Shahar, professor de Harvard, em seu livro *A ciência da felicidade*. Segundo ele, pessoas felizes apresentam em comum cinco características:

1. Aceitam ativamente que são seres humanos, ou seja, consideram normal sentir às vezes medo, dor, tristeza. É fundamental vivenciar a emoção, levar em conta, e, principalmente, verbalizar o que sente. A fala é terapêutica! Ao nomear uma emoção, solicitamos o uso da parte racional do nosso cérebro, o neocórtex, e ganhamos imediatamente maior controle sobre o nosso comportamento.
2. Entendem que o estresse faz parte da vida e sabem da importância de buscar formas de recuperação, como pequenas pausas, uma massagem relaxante, fazer algo de que gostam.
3. Praticam atividades físicas, se movimentam, se mexem. A movimentação ativa geralmente pressupõe contato com as pessoas, por meio de caminhadas em grupo, corrida, jogos competitivos.
4. Estabelecem relacionamentos saudáveis. Esta, aliás, é a única variável presente em todas as pesquisas sobre felicidade. Claro que o principal requisito para o estabelecimento de relações saudáveis é a boa comunicação!
5. Expressam gratidão. Consideram todas as coisas boas que acontecem, pensam nas pessoas importantes para elas e demonstram sua gratidão! Verbalizam, escrevem, são específicos.

Nossa busca pela felicidade, aspiração maior da vida, tem que levar em conta o estabelecimento de boas relações, por meio de uma comunicação efetiva.

Demonstre o desejo genuino de se fazer entender, aproxime-se verdadeiramente do outro, encurtando distâncias, ouça com interesse e empatia, e principalmente pratique o amor. Ele é, certamente, a chave para uma comunicação poderosa e para uma vida feliz!

conclusão

# como resolver o
# desafio do elevador

Eu estava no aeroporto de Johanesburgo, na África do Sul, e tinha um problema. Durante cinco dias, tinha participado de uma cobertura intensa e cansativa de uma reunião dos BRICS – conjunto de países que reúne Brasil, Rússia, Índia, China e África do Sul – e não tive tempo de achar uma lembrança para minha esposa. Ela não me cobraria a lembrança na chegada ao Brasil, mas achei que era minha obrigação já que ela sempre quis conhecer a África do Sul e não tivemos a chance de ir juntos. Portanto, achei que não poderia deixar o país sem uma recordação.

Não foi uma missão fácil. Percorri as lojas do aeroporto e não encontrei nada diferente do que acharia em qualquer outro lugar do mundo. Não via nada típico, nada marcante. E eu precisava de algo especial.

Então, vi uma loja de roupas da tribo zulu, a maior do país. Eram lindas, mas eu não tinha certeza sobre o modelo.

Até que vi um colar de contas numa manequim e o achei muito bonito. Perguntei o preço para a vendedora. Ela disse: "Este é um colar usado pelas mulheres zulus. As solteiras usam o colar sobre os seios nus e as casadas botam uma camiseta branca por baixo, como está na manequim". Ela disse apenas duas frases, nem respondeu o preço e eu nem perguntei de novo. No meu cérebro, a imagem que surgiu foi da minha esposa sorrindo ao receber um presente com tanta história e significado.

Entreguei o cartão de crédito, botei minha senha na maquininha, peguei o cartão de volta, a sacolinha com o colar e corri para o portão porque meu voo já iria sair. Antes, agradeci à vendedora e disse – sinceramente – que um dia voltaria com minha esposa, que certamente saberia escolher uma roupa ou várias... naquela loja com produtos tão interessantes. Ela vendeu o colar, deixou um marido com a sensação de dever cumprido e ganhou um cliente. Ao chegar ao Brasil e repetir aquelas duas frases para a minha esposa, ela abriu um enorme sorriso, como eu havia previsto. Foi correndo pegar uma camiseta branca, botou o colar por cima. Ficou linda e feliz. A vendedora fez tudo isso com duas frases e ainda resolveu brilhantemente o Desafio do Elevador, que mencionamos lá no começo do livro.

Os americanos deram um nome para esse discurso curto, que resume o pensamento e encanta ao mesmo tempo: *logline*. Os mais eficientes já vendem a ideia naquele momento, nenhuma explicação extra é necessária. Ou então despertam a curiosidade e fazem o ouvinte querer saber mais. Se você achou que lembra mensagens do Twitter, não está errado.

*Logline* é uma palavra que vem da navegação. Era uma corda cheia de nós que servia para medir a velocidade de um barco. Por isso, até hoje, quando se quer falar em velocidade de embarcações, usa-se a palavra "nó", que representa uma milha náutica por hora, ou 1,852 km por hora.

Provavelmente, passou a ser usada na comunicação porque vender uma ideia lembra vagamente o ato de lançar uma corda ao mar: primeiro, o marinheiro joga a ponta, depois vai desfiando o resto. Para os roteiristas de Hollywood, passou a significar o roteiro inteiro de um filme resumido em uma frase ou duas. Douglas King, escritor e autor do livro *Loglines: The Long and the Short on Writing a Strong Logline*, lembra que essa apresentação é, muitas vezes, a única chance que os produtores de um filme terão com agentes, financiadores ou estúdios para vender o roteiro de um filme. Ou seja, se tiverem um bom *logline*, você poderá ver o filme algum dia num cinema ou na TV. Por outro lado, se tiverem uma ideia brilhante de roteiro, de um filme que poderá ganhar prêmios e faturar fortunas, mas apresentarem um *logline* ruim, essa ideia vai para o lixo e você nunca verá o filme.

Esse raciocínio vale para todas as situações em que você precise vender uma ideia: numa reunião, numa entrevista, numa palestra, na frente de investidores ou num papo de elevador que pode abrir muitas portas profissionais. Ou para vender um colar para um marido apressado... Você precisa ser capaz de resumir sua proposta de forma objetiva e cativante, de modo que o potencial comprador tope o negócio na hora ou queira saber mais sobre ele.

Um bom *logline* cria imagens na cabeça do ouvinte, desperta curiosidade. Conquistado o ouvinte, você poderá explicar os detalhes da sua ideia.

Há um *logline* que realmente ajudou a mudar o mundo.

Em 1983, a Apple precisava de um executivo conhecido e eficiente para presidir a empresa. O conselho da Apple achava que Steve Jobs ainda não estava pronto, porque – apesar de ter criado a empresa e ser genial – era muito indisciplinado e temperamental. A Apple mirou então em John Sculley, então presidente de uma das maiores empresas americanas, a PepsiCo, dona da Pepsi. Mas como tirar um executivo desse calibre de uma empresa gigante e estável? Bastou uma frase. Jobs se encontrou com Sculley e disse a tal frase que já se tornou famosa: "Você quer vender água com açúcar pelo resto da vida ou quer vir comigo mudar o mundo?". Fico imaginando o que se passou na cabeça de Sculley naquele momento. Talvez tenha se visto na velhice, cercado de netos, e um deles perguntaria: "Vovô, o que você fez na vida?". Qual a melhor resposta? Qual delas atrairia a atenção dos netos e os faria arregalar os olhos de admiração: "vendi refrigerante" ou "mudei o mundo"? Nada contra vender refrigerante, mas mudar o mundo é muito mais excitante. O jogo estava ganho para Jobs. Os detalhes? Os advogados e diretores mais novos da Apple cuidariam disso. (O resto da história é meio conturbado: Sculley e Jobs se desentenderam, o que culminou com a saída de Jobs da empresa. Ele voltou em 1997, mais maduro e equilibrado e no auge da sua criatividade. O resto da história, todo mundo conhece.)

A frase se tornou muito famosa no Vale do Silício – a região da Califórnia que concentra as indústrias de tecnologia –, e a segunda parte dela ("mudar o mundo") é usada por todo criador de startup ao se encontrar com potenciais investidores. Tão usada que perdeu seu valor.

Sir Michael Moritz, jornalista que se tornou um lendário investidor e cavaleiro do Império britânico, trabalha para a Sequoia Capital, uma empresa de investimento de risco, dona de bons nacos de ações de empresas como Apple, Google, NuBank e PayPal, e está acostumado a ouvir propostas de jovens gênios da tecnologia que acham que acabaram de inventar a roda. Alguns inventaram mesmo, só não souberam vendê-la.

No livro *Liderança*, que Moritz escreveu com o ex-treinador do Manchester United, Sir Alex Ferguson, ele diz: "Os fundadores mais inexperientes do Vale do Silício são incapazes de proferir qualquer coisa muito diferente dos superficiais e batidos gritos de 'Vamos mudar o mundo' ou 'Vamos fazer a diferença'. Os mais prudentes, por outro lado, oferecem algo que, à primeira vista, parece implausível. Essa, sem dúvida, foi a minha reação quando ouvi o cofundador do Google, Larry Page, explicar que queria colocar a internet em um disco rígido".

Ajudou muito a entender o conceito, a frase que resume a missão do Google: "Nossa missão é organizar as informações do mundo para que sejam universalmente acessíveis e úteis para todos". Uma frase simples, elegante, que define tudo o que a empresa é. Pode ser compreendida por qualquer pessoa e abre um "buraco de conhecimento" no nosso cérebro; se você não soubesse o que é o Google, você faria imediatamente a pergunta: como é que a empresa faz isso? Pronto! A curiosidade abriu a porta para vender o produto.

Moritz completa o raciocínio ao descrever a técnica de comunicação de Alex Ferguson à frente do Manchester United: "Suas orientações costumavam ser curtas e concisas, pois ninguém — não importa se trabalha em um hospital, numa siderúrgica ou se é membro de uma tropa de escoteiros —, consegue decorar mais de três instruções. Longos e complexos monólogos não produzem o efeito desejado como breves declarações de instruções precisas e concisas. Já assisti a inúmeras apresentações em que as palavras do CEO (presidente da empresa) eram tão difíceis de entender ou sua mensagem era tão prolixa, que não passavam credibilidade". Um bom *logline* tem outra grande característica: deve ser lembrado por quem ouve para que possa ser reproduzido para outras pessoas.

Em outras palavras: em qualquer situação de comunicação (reunião, entrevista, apresentação de projeto e de produto), menos é mais. Como disse brilhantemente o poeta Carlos Drummond de Andrade: "Escrever é a arte de cortar palavras".

Então, este é o exercício que você deve fazer antes de qualquer apresentação: "resumir o que eu quero apresentar em uma ou duas frases". Essa é a mensagem-chave, a que precisa ficar no cérebro das pessoas que vão ouvi-lo. Escreva num caderno uma espécie de mensagem de Twitter. As frases precisam ser cativantes e provocar buracos de conhecimento no cérebro do ouvinte para que ele pergunte: "Como você (ou seu produto) faz isso?". É sua deixa para vender qualquer ideia... Não significa que o jogo esteja ganho. Se você, sua ideia ou seu produto não tiverem conteúdo, o ouvinte vai perceber em algum momento e você terá perdido a sua grande chance. Mas, com um bom *logline*, você já ganha o que mais precisa para chegar ao fim da sua missão: a atenção de quem ouve e vê.

É como contar uma história. Ganhe a atenção primeiro, vá construindo a narrativa, criando expectativa até chegar ao *gran finale*. Lembre-se: somos seres contadores e ouvintes de histórias. Se você chegou até aqui neste livro foi, em parte, porque adotamos esta estratégia: contamos uma história, criamos expectativa e depois apresentamos a parte mais densa e teórica. Se fizéssemos ao contrário, provavelmente você teria abandonado o livro antes da metade.

Lembrar sempre que somos contadores de histórias também nos ajuda a superar o grande entrave para fazermos uma boa apresentação: a ansiedade. Vou lhe contar um segredo que pode lhe ajudar. Muitas vezes, quando estou diante de uma grande plateia para uma palestra ou numa entrada ao vivo para 35 milhões de pessoas, ainda bate um nervosismo, uma dúvida se vou me sair bem. Aí, faço uma pergunta. A resposta para ela é que me tranquiliza e me dá a energia necessária para enfrentar qualquer situação. A pergunta é: "O que me trouxe até aqui?". A resposta que me enche de confiança é: "A minha história". Então, quando você for escolhido para fazer uma palestra, uma apresentação, apresentação de um produto, tenha certeza de que a sua história o levou até ali. Você mereceu estar ali. Você tem o conhecimento necessário para brilhar. Você tem o conteúdo. Esperamos que este livro o tenha ajudado com a técnica.

Portanto, vá lá e arrebente!

# referências bibliográficas

ABREU, Antônio Suárez; **A arte de argumentar: gerenciando razão e emoção.** 13. ed. São Paulo: Ateliê Editorial, 2013.

ALMEIDA, V.B. Pausas preenchidas e domínios prosódicos: evidências para a validação do descritor fluência em um teste de proficiência oral em língua estrangeira. **Alfa Revista de linguística**. v. 53, n. 1, 2009.

ALVES, Rubem. **O amor que acende a lua.** 15. ed. São Paulo: Papirus Editora, 1999.

ANDERSON, Chris. **TED Talks**: O guia oficial do TED para falar em público. 1. ed. Rio de Janeiro: Intrínseca, 2016.

ANTONIO, V. E. et al. Neurobiologia das emoções. **Archives of Clinical Psychiatry**, São Paulo, v. 35, n. 2, p. 55-65, 2008. Disponível em: https://doi.org/10.1590/S0101-60832008000200003. Acesso em: 15 fev. 2020.

APA PSYC NET. **Neuroscience of Nonverbal Communication.** Disponível em: https://psycnet.apa.org/record/2014-55982-002. Acesso em: 15 fev. 2020.

BROWN, Brené. **A coragem de ser imperfeito.** 1. ed. Rio de Janeiro: Sextante, 2016.

CAMPBELL, Joseph. **O herói de mil faces.** 1. ed. São Paulo: Pensamento, 1989.

CUDDY, Amy. **O poder da presença.** 1. ed. Rio de Janeiro: Sextante, 2016.

DAMÁSIO, António. **O livro da consciência:** a construção do cérebro consciente. 9. ed. Lisboa: Temas e debates, 2010.

DAMÁSIO, António. **O mistério da consciência.** 1. ed. São Paulo: Companhia das Letras, 2000.

DENSON, Thomas F.; DEWALL, C. Nathan; FINKEL, Eli J.. Sel-Control and Aggression. **Current Directions in Psychological Science**, Califórnia, v. 21, n. 1, p. 20-25, fev./2012. Disponível em: <https://journals.sagepub.com/doi/full/10.1177/0963721411429451>. Acesso em: 15 fev. 2020.

DWECK, Carol S.. **Mindset:** A nova psicologia do sucesso. 1. ed. São Paulo: Objetiva, 2017.

ECKMAN, Paul. **A linguagem das emoções.** 1. ed. São Paulo: Leya, 2011.

ÉPOCA NEGÓCIOS. **Quer um conselho? Não fale enquanto o outro não escuta.** Disponível em: https://epocanegocios.globo.com/colunas/Futuro-do-trabalho/noticia/2019/07/quer-um-conselho-nao-fale-enquanto-o-outro-nao-escuta.html. Acesso em: 15 fev. 2020.

## 254 • seja inesquecível

FERGUSON, Alex; MORITZ, Michael. **Liderança:** Lições de vida: a minha experiência ao serviço do Manchester United. 1. ed. São Paulo: Actual, 2016.

FERNANDO, Alvaro. **Comunicação e persuasão:** O poder do diálogo. 1. ed. São Paulo: DVS Editora, 2016.

FISHER, H. E. et al. Intense, Passionate, Romantic Love: A Natural Addiction? How the Fields That Investigate Romance and Substance Abuse Can Inform Each Other. **Frontiers in Psychology,** Seattle, v. 7, n. 687, p. 1-10, mai./2016.

GEARY, James. **I is an Other:** The Secret Life of Metaphor and How It Shapes the Way We See the World. 1. ed. Nova York: Harper Perennial, 2012.

GOLEMAN, Daniel. **Foco.** 1. ed. São Paulo: Objetiva, 2014.

_____. **Inteligência emocional.** 1. ed. São Paulo: Objetiva, 1996.

GRANT, Lauren D.; WEISSMAN, Daniel H.. An Attentional Mechanism for Minimizing Cross-Modal Distraction. **Acta Psychogica,** Amsterdam, v. 174, n. 1, p. 9-16, mar./2017. Disponível em: <https://doi.org/10.1016/j.actpsy.2017.01.003>. Acesso em: 15 fev. 2020.

HALL, Edward T.. **A dimensão oculta.** 1. ed. São Paulo: Martins Fontes, 2005.

HARARI, Yuval Noah. **Sapiens:** Uma breve história da humanidade. 1. ed. São Paulo: L&PM, 2015.

HARRIS, Dan. **10% mais feliz:** como aprendi a silenciar a mente, reduzir o estresse e encontrei o caminho para a felicidade. 1. ed. Rio de Janeiro: Sextante, 2015.

HARVARD BUSINESS REVIEW. **A arte do "pitch de elevador".** Disponível em: https://hbrbr.uol.com.br/pitch-de-elevador/. Acesso em: 15 fev. 2020.

HARVARD BUSINESS REVIEW. **How Venture Capitalists Really Assess a Pitch.** Disponível em: https://hbr.org/2017/05/how-venture-capitalists-really-assess-a-pitch. Acesso em: 15 fev. 2020.

IOWA NOW. **This is Your Brain on No Self-Control.** Disponível em: https://now.uiowa.edu/2012/06/your-brain-no-self-control. Acesso em: 15 fev. 2020.

KAHNEMAN, Daniel. **Rápido e devagar:** duas formas de pensar. 1. ed. São Paulo: Objetiva, 2012.

KELLER, A. et al. Does the Perception that Stress Affects Health Matter?: The Association with Health and Mortality. **Health Psychology,** Estados Unidos, v. 31, n. 5, p. 677-684, set./2012. Disponível em: <https://www.ncbi.nlm.nih.gov/pmc/articles/PMC3374921/#FN1>. Acesso em: 15 fev. 2020.

KING, Douglas. **Loglines:** The Long and the Short on Writing a Strong Logline. 1. ed. [S.l.: s.n.], 2014.

KOSTI, Aleksandra; CHADEE, Derek. **The Social Psychology of Non Verbal Communication.** 2. ed. Nova York: Palgrave Macmillan, 2015. p. 31-65.

KRAFT, Tara L.; PRESSMAN, Sarah D.. Grin and Bear It: The Influence of Manipulated Facial Expression on the Stress Response. **Psychological Science,** Washington DC, v. 23, n. 11, p. 1372-1378, set./2012. Disponível em: <https://doi.org/10.1177/0956797612445312>. Acesso em: 15 fev. 2020.

KRZNARIC, Roman. **Empathy:** A Handbook for Revolution. 1. ed. Londres: Rider, 2014.

KYRILLOS, L. & JUNG, M. **Comunicar para liderar**. Contexto: São Paulo, 2015.

LANHAM, Richard A.. **The Economics of Attention:** Style and Substance in the Age of Information. 1. ed. Chicago: University of Chicago Press, 2007.

LAVIE, Nilli. Attention, Distraction, and Cognitive Control Under Load. **Current Directions on Psychological Science**, Califórnia, v. 19, n. 3, p. 143-148, jun./2010. Disponível em: https://journals.sagepub.com/doi/full/10.1177/0963721410370295. Acesso em: 15 fev. 2020.

LOMBROSO, Paul. Aprendizado e memória. **Revista Brasileira de Psiquiatria**, São Paulo, v. 26, n. 3, p. 207-210, set./2004. Disponível em: <https://doi.org/10.1590/S1516-44462004000300011 >. Acesso em: 15 fev. 2020.

NAUMBURG, Carla. **Ready, Set, Breathe:** Practicing Mindfulness with Your Children for Fewer Meltdowns and a More Peaceful Family. 1. ed. Califórnia: New Harbinger Publications, 2015.

NEUROSCIENCE NEWS. **How to Make a Good Impression When Saying "Hello".** Disponível em: https://neurosciencenews.com/introduction-impression-8716/. Acesso em: 15 fev. 2020.

NEUROSCIENCE NEWS. **Study Reveals Why Some People Are More Creative Than Others.** Disponível em: https://neurosciencenews.com/neuroscience-creativity-8325/. Acesso em: 15 fev. 2020.

PHILLIPS, Brad. **101 Ways to Open a Speech:** How to Hook Your Audience From the Start With an Engaging and Effective Beginning. 1. ed. Washington DC: Speakgood Press, 2015.

PIMENTA, A. et al. Analysis of Human Performance as a Measure of Mental Fatigue. **Lecture Notes in Computer Science**, Alemanha, v. 8480, n. 1, p. 389-401, mar./2015. Disponível em: <http://repositorium.sdum.uminho.pt/handle/1822/34156>. Acesso em: 15 fev. 2020.

ROCK, David. **Your Brain at Work:** Strategies for Overcoming Distraction, Regaining Focus, and Working Smarter All Day Long. 1. ed. Nova York: HarperBusiness, 2009.

ROSENBERG, Marshall B.. **Comunicação não-violenta:** Técnicas para aprimorar relacionamentos pessoais e profissionais. 3. ed. São Paulo: Editora Ágora, 2010.

SEROTTE, Mary Elise. **The Collapse:** The Accidental Opening of the Berlin Wall. 1. ed. Nova York: Basic Books, 2015.

SINEK, Simon. **Líderes se servem por último:** Como construir equipes seguras e confiantes. 1. ed. Rio de Janeiro: Alta Books, 2019.

_____. **Comece pelo porquê:** Como grandes líderes inspiram pessoas e equipes a agir. 1. ed. Rio de Janeiro: Sextante, 2018.

THALER, Richard H.; SUNSTEIN, Cass R.. **Nudge:** O empurrão para a escolha certa. 1. ed. Rio de Janeiro: Campus-Elsevier, 2008.

UNIVERSITY OF CALGARY. **Your Stress is Now My Stress:** Research Study Explains How. Disponível em: https://www.ucalgary.ca/utoday/issue/2018-02-13/your-stress-now-my-stress-research-study-explains-how. Acesso em: 15 fev. 2020.

# preparamos um presente para você

Ficamos muito felizes por você ter chegado até aqui. Compartilhamos aqui o melhor de nós e esperamos que se sinta mais preparado para SER INESQUECÍVEL! Afinal, o mundo espera ansioso para ouvir o que você tem a dizer.

Gostaríamos muito de manter contato e entregar a você outros conteúdos. Por isso, deixamos aqui um convite final: acesse o link abaixo e descubra o que guardamos para você!

promo.editoragente.com.br/sejainesquecivel

Esse livro foi impresso pela gráfica Loyola em papel pólen bold 70g em julho de 2021.